這樣做，就是有錢人的做法！

趙凡禹 著

前言

在現代社會環境下投資創業，事實上就是創造力的競爭。富人往往能夠充分發揮主觀的判斷，通過突破思維的固定模式，從「無」中生出「有」來，以致給自己帶來滾滾財源。

拿破崙・希爾曾講過這樣一個故事——

很久以前，一位年邁的鄉村醫生駕著馬車到了一個小鎮，他把馬拴好之後，悄悄地鑽進一家藥店，和一位年輕店員商談一樁秘密生意。

一個多小時後，店員跟著醫生走近馬車，帶回一個老式大銅壺。店員經過一番檢查後，掏出一卷鈔票遞給老醫生，這500美元是年輕店員的全部積蓄。

老醫生便給店員一張寫好配方的小紙條。小紙條的價值究竟有多大，老醫生自己不清楚。這個奇妙配方將創造多少大的奇蹟，年輕店員也無太多把握。

後來，店員遇到了一位年輕美麗的姑娘，他請她品嘗了銅壺中的飲料後，姑娘讚不絕口，再後來，這位姑娘成了年輕店員的妻子。更重要的是，他們一起用那位老醫生的配方生產飲料，創造了巨大的財富。

這種飲料就是當今風靡全世界的可口可樂。

激發創造力，就要讓腦子多走些路，突破思維定勢。

要想獲得利潤，必須長於思索，善於發現。這樣，才能夠不斷地搶佔商機。

思維定勢對人們思考問題顯然有很多好處。它能使思考者省去許多摸索、試探的思維步驟，不走或少走彎路，大大縮短思考的時間，提高思維的效率，還能使思考者在思考過程中感到駕輕就熟，輕鬆愉快。

思維定勢在日常工作和生活中的作用更是不可低估。有人曾估計說，思維定勢可以幫助人們解決每天所碰到的90％以上的問題。

思維定勢卻不利於創新思考。而經商必須要創新思考。只有創新思考才能解決在經商過程中所遇到的新問題，才能對舊有的問題作出新的解決方式。

創新思考最主要的是突破思維定勢。突破定勢作為一種創新思考方法是指在思考有待創新的問題時，能打破常規的思考路徑，獨闢蹊徑地找出解決問題的方法。這就是所謂的別出心裁。

在日本川崎市有一家叫做「岡田屋」的百貨公司。在其他商店只能勉強維持的時候，岡田屋卻長期保持利潤增長，業務不斷擴展，銷售額年年增加。這是為什麼呢？原來這家商店

的老闆在長期的經營活動中善於觀察，創造出許多與眾不同的經營策略和行銷戰術。

在商業零售中，常常有因零錢不足而找不開錢的問題。岡田屋百貨公司早在一九六一年就想出了一個解決問題的辦法，既解決了零錢不足的問題，又招徠了顧客。這個辦法就是在百貨公司門口營業廳的收款台處設立一個個「抽獎處」，顧客每支付1日元就可獲一次抽獎的機會。顧客購物時往往要求不用找零，而用零錢抽獎。

這種別出心裁的手法，不但滿足了顧客用小錢獲大獎的投機心理，而且本身也為商店增加了一筆收入。商店恰恰抓住了顧客心理，每個顧客都樂於到這個公司來購物和碰運氣。這是一種別出心裁的經營點子，是一種智力致富。投資、做生意就得讓腦子多走些路。

金錢從來就不會分辨善惡，它可以和每個人交朋友，所以，只要你會了富人的理財方式，你就可以當家做主了。

第一章

富人舉重若輕的投資藝術

第一個理財概念：區分「投資」與「消費」（如買房與買車）。

第二個理財概念：每月先儲蓄30％的收入，剩下來才進行消費。

第三個理財概念：投資年回報10％以上，年年堅持，堅持10年以上。

——哈佛教條（第一堂經濟學課，只教三個概念）

(1) 你必須把股票看作是自己的一份企業。

(2) 把市場的波動看作是你的朋友而不是你的敵人，從市場的愚蠢中獲利，而不是參與到追漲殺跌中去。

(3) 投資中最重要的三個字是Margin of Safety（安全邊際）。

——金融教父本傑明・格雷厄姆

如果當你的股票下跌超過10％時，你不敢增加投資的話，你永遠不可能從股市中取得不錯的收益。投資股票要賺錢，關鍵是不要被嚇跑，這一點怎麼強調都不過分。

股價大跌而被嚴重低估，才是一個真正的選股者的最佳投資機會。股市大跌時人們紛紛低價拋出，就算我們的投資組合市值可能會損失30％，這也沒什麼大不了的。巨大的財富往往就是在這種股市大跌中才有機會賺到的。

——最成功基金經理彼得・林奇

1．保持良好的投資心態

胡先生是個資深的投資人，他在一九九九年開始進入股市，一路摸爬滾打至今，屈指算來10載有餘，自己最大的投資體會便是，良好的投資心態是股市制勝的法寶——不懂基本面分析可以學，看不明白K線圖也能慢慢琢磨，而始終保持良好的投資心態才是決勝股市之關鍵。絕大多數散戶之所以賠錢，並非其基礎不扎實、技術不過硬，而是敗給了自己的貪婪和恐懼。

下面是胡先生講述的投資真經：

鍛造自己的投資風格

在資訊化時代，閉門造車顯然是行不通的。要想在股海中不斷提高自己，關鍵還是要以開放的姿態和海納百川的胸懷去博采眾家之長，結合自己在股市裏不斷總結出的經驗教訓加以融會貫通，從而形成自己的投資風格。很多新股民剛進股市總是想著先撈上一筆，結果往往反倒交了學費。

對新入行者而言，形成正確的選股思路、制定嚴格的操作紀律和鍛造自己的投資風格遠比短期帳戶盈虧重要得多。胡先生常會舉這樣一個例子，一個人最初有20萬元的原始投資，如果每年的收益有14%的話，30年後這個人就是千萬富翁了。有些投資者兩三天就能達到14%這樣的收益，一年才賺14%的確不是難事，難的是不管行情好壞都能獲得如此穩定的收益。有了良好的投資心態和操作習慣，時間的推移終將把投資者送上成功的彼岸。

認真搜集資訊，不輕信傳言

要想知道什麼價位應該買入，什麼時機應該賣出，還有相當多的功課要去做。除了對想投資的目標公司有關資料和資訊要爛熟於胸外，還要隨時關注各個行業的調研報告、宏觀經濟運行情況、國家財政貨幣政策變化、利率匯率、石油乃至周邊股市的最新動向等。盡可能充分地掌握資訊，這是正確進行投資決策的重要保證。

要提醒的一點是，絕不要輕易相信那些所謂的小道消息、內幕資訊，更不能據此作為投資決策的依據。在這個資訊爆炸的時代，市場上充斥著各種各樣的聲音，不少噪音只會引誘你進入美麗的陷阱。作為普通散戶的我們，永遠是身處這個市場訊息鏈的末端。當你為從那些「消息靈通人士」得到所謂的內幕消息而沾沾自喜時，你該清醒地意識到，連自己這個資訊鏈末端的人都知道這消息了，還能指望靠它去獲利嗎？

只做自己熟悉的股票

在決定買入任何一支股票之前，要寫下能夠說服自己的三個理由，讓自己清楚地知道為什麼要投資於該板塊，為什麼投資於該股而不是同一板塊的其他個股，為什麼會選在這個時點買入。這樣做以求把投資時的衝動和不理性成份降到最低。光看看K線圖就貿然殺入，偶爾也許能碰巧賺點錢，但從長期來看，打這種毫無準備之仗終將成為炮灰。

胡先生的原則是只投資於自己了解的行業，只做自己熟悉的股票，看不懂的行業即使漲得再好也不碰，自己都不了解的領域何談去掌控呢？其實，有時股票和人一樣，都有著自己的性格，和幾支股票相處久了以後你就自然能摸準它們的脾氣，從而把握準買賣的節奏，這點對喜歡做波段的投資者是至關重要的。

順勢而為，而非抄底和逃頂

股市是個賺錢不難但淘汰率極高的地方，選擇順勢而為方能在驚濤駭浪中閒庭信步。很多投資者熱中於抄底和逃頂，殊不知買在最低點、賣在最高點的，若非天才便是傻子。股票的價格會按其原有的趨勢演進，直至該趨勢被確認為已經改變。抄底的最佳機會絕不是跌到最低時去買，而是調整到位重拾升勢之時。順勢而為或許有悖於利潤最大化，卻能較為安全地獲得大部分收益。

適可而止，及時止盈止損

多數散戶炒股時有一個通病，就是最關注自己帳戶顯示盈虧的那個數位。很多人在進行買賣決策時的依據不是個股走勢，也不是基本面變化，而是想著賺了多少他要賣了，跌了多少他要補倉。

李嘉誠先生把「知止」兩個字放在其辦公桌上，就是要告誡自己要適可而止。

在股市投資中，懂得何時止盈止損尤為重要。有的人10元買支股票，漲到13元，總想著還要漲，等等看，結果回落到了11元，每股賺3元都沒拋，賺1元還會拋？又跌到9元被套上了，反正都套上了，等反彈吧，最後一下跌到6元，實在受不了割肉離場。設置止盈止損位是防止這種悲劇最有效的途徑。一支質地再好的股票，漲得過高時就已經透支了其未來成長性，必然要向其價值回歸，而當一些質地本來不錯的股票因基本面突然出現問題股價大跌時，止損也是非常必要的。

最後還要說明一點的就是要學會休整。股市作為一個週期性市場總是會有高峰有低谷，

一年365天都盯著股市買進賣出的人只會為券商和國家財政稅收做貢獻。如果你無法始終保持良好的投資心態，又不能總結出適合自己的投資方法，或者沒有足夠的時間和精力來研究股市，那只能說明股市投資並不適合你，最佳策略就是三十六計走為上，畢竟三百六十行，行行出狀元！

2．以智慧為資本

有位國王擁有一大片葡萄園，雇了許多工人來照管，其中有一位工人能力特別強，技藝超群。於是國王讓他來管理這片園子。

有一天，這位國王來到葡萄園散步，就讓他陪同。這天工作完後，工人們排起長隊領取工資，幾乎所有人的工資都相同，但是當這位看管園子的人領取工資的時候，卻遭到了大家的抗議和議論。他們認為這位工人只幹了二個小時的活，其他的時間都在陪國王到處閒逛，所以不能領取與別人等同的工資。

國王說話了：「我派他來是因為他熟悉你們的工作，來看管你們的。今天他雖然只幹了二個小時的活，但是他走的時候，你們仍然按他給你們的規定完成了任務，他的二個小時就幹完了你們一天才完成的工作量，所以他的工資和以前一樣。」

這就是兩種不同觀念造成的不同命運：前者依靠自己的智慧變得富有，後者則依舊靠出賣體力來生活，他們的一生也不得不繼續他們祖先悲慘辛苦的被奴役的生活。

連鎖店先驅盧賓就是一個善於觀察、動腦的人。他最早在淘金熱中做一些贖賣生意，以滿足那些淘金者的生活需要，後來他的生意越做越大。但是，經過八年的經商實踐，並深入市場調查研究，他發現：商店不標價，靠買賣雙方討價還價的交易方法既不利於自己業務的發展，也消除不了顧客對商店的諸多不信任和猜忌；而且，由於價格不一且變化莫測，沒有一個參照的標準。

針對這些情況，盧賓反覆思考終於研究出一種經營方式，叫「單一價格店」，即對每一種商品明碼標價並按此價格銷售。這樣，顧客一目瞭然，也一掃當時的商業欺詐行為，既增加了交易的效率，也贏得了顧客的信任。

於是，盧賓的單一價格生意非常火爆。隨著顧客的增多，他又發現，一方面，大多數的顧客光顧造成了購物空間的擁擠，使得交易速度難以提高，而且也浪費顧客的寶貴時間；另一方面，一個商店總有個輻射範圍，讓太遠的顧客前來顯然不太可能。

後來，他又發展了「連鎖經營」的方式，也就是多個店同貨同價，且店面設計、佈局、裝潢也相同。這樣，就等於將一家店開在了更多、更廣的地方，當然生意也就越做越大。

盧賓為什麼能創新，因為他善於觀察、發現問題，進而能針對問題，運用知識提供解決方案。學識是財富的近鄰，正是有了這種卓爾不群的思索、令別人不可企及的直覺能力和判斷能力，他才擁有了巨額財富。

「當別人認為一加一等於二的時候，你應該想到一加一大於二。」一個成功的商人這樣教育他的兒子。

一九四六年，這對父子來到美國做銅器生意。一天，父親問兒子1磅銅的價格現在是多少。兒子回答說是35美分。父親說：「你說得沒錯，人人都知道每磅銅的價格是35美分，但作為猶太人的兒子，你應該說成35美元——你試著把1磅銅做成門把或閘鎖看看。」

父親死後，兒子繼續做著銅器生意。幾十年來，他把銅做成過銅鼓、鐘錶簧片，甚至還做成過奧運會的獎牌。最貴的時候，他曾把一磅銅賣到3500美元，這時的他，已是小有名氣的麥考爾公司的董事長了。

但他並沒有滿足，他瞄準了紐約州的一堆垃圾——也正是這堆垃圾，使他名揚天下。那是一九七四年，美國政府為了處理給自由女神像翻新時扔下的廢料，向社會公開招標。好幾個月過去了，還是無人問津。正在國外旅行的他聽到這個消息時，立即十萬火急地飛往紐約。匆匆看了看自由女神像下堆積如山的廢銅殘木後，未提任何條件，就很果斷地簽了收購合同。

很多人對他的這一舉動嗤之以鼻，暗笑精明一世的他愚蠢無知。因為在紐約州，垃圾處理有嚴格的規定，弄不好會受到環保組織的起訴。就在一些人要看這個猶太人的笑話時，他開始組織工人對廢料進行分類。他讓人把廢銅熔化，鑄成一個個小型的自由女神像；廢木呢，則請木匠加工成自由女神像的底座；廢鉛、廢鋁做成紐約廣場的鑰匙模型。甚至連從自由女神身上掃下的灰塵他也不放過，經過精美的包裝，把它們高價出售給了花店。

就這樣，不到三個月的時間，他把這堆廢料奇蹟般地變成了350萬美元現金，每磅銅的價格整整翻了一萬倍！

3．「1＋1＝4」之道

二十世紀50年代，桑迪是住在紐約郊外傑弗遜港鎮上的一名窮小子，他娶了一位叫瓊的姑娘。結婚以後，他們的所有財產就是妻子的3500美元陪嫁。在很長的一段時間內，他們的日子過得捉襟見肘，桑迪的薪水根本無法同時支付牛奶費和嬰兒尿布的費用。後來，瓊把陪嫁錢拿了出來，讓他在鎮上開一家生牛屠宰作坊，專賣牛肉。

小鎮上還有一家牛排餐廳，那裡的生意非常好，每天都能為桑迪的牛肉作坊銷掉不少牛肉，再加上外地的訂貨，桑迪漸漸有了一些多餘的錢。但是好景不長，沒過多久，牛排餐廳因為內部管理和經營策略上出現問題，生意越做越差，餐廳老闆不想再經營面臨倒閉的餐廳了，他希望有人能夠買走餐廳。因為餐廳的生意不好，根本就沒有人願意出價盤下這個燙手的山芋。

發愁的人其實還不止餐廳老闆，因為餐廳的生意下降在無形當中也減少了桑迪的牛排銷售量。最後，桑迪經過仔細考慮後作出了一個很驚人的決定：買下那家餐廳！

他的妻子不解地說：「你瘋了嗎？買下那家即將倒閉的餐廳？它能為你帶來利益嗎？」

「能！而且買下它以後，我們所擁有的價值就不是1＋1＝2了！」桑迪用十分確定的口氣說。

「真是荒唐！1＋1難道會等於3？」他的妻子說。

「確實不是等於3，而應該是等於4！」桑迪回答。

幾天以後，桑迪在妻子的擔憂中用他們的全部積蓄——五千美元買下了那家餐廳。他對餐廳的經營做了一系列大膽而富有創新的改革，並且還聘請了最好的廚師來做牛排，漸漸地，餐廳的生意開始好轉。餐廳的生意好了，牛排的銷售量自然就增加了。1年之後，桑迪成了全鎮屈指可數的富人。這時，桑迪對他的妻子說出了「1＋1＝4」的邏輯：原有的一家作坊加上一家餐廳，表面上看是「1＋1＝2」，但是經營餐廳在牛排的原材料上省去了一筆開支，節省下的成本實際上就是一種利潤，這就使1＋1等於3了。至於牛排賣給自己的餐廳，表面上看是收不到錢，但卻是一個非常固定的銷售點，再也不需要為如何才能保住這個銷售點而費腦筋了，而這省下來的精力，又可以用在開拓另外的牛排市場和餐廳的經營上，這又是一種無形卻又十分巨大的財富，這樣一來，1＋1就成為4了！

經過幾年的商場打拼之後，桑迪在不斷的成長中發現自己對諸如此類的資本運作特別有天賦，於是在一九六〇年毅然賣掉了他的屠宰作坊和牛排餐廳，到紐約成立了一家西爾森證券經紀公司，在隨後的數十年裏，用「1＋1＝4」的理念運作了一連串並購和整合，而他所擁有的商業信貸公司在一九九二年更名為旅行者集團。一九九六年，憑藉213億美元的年收益和23億美元利潤，旅行者集團躋身「財富500大」前40強。一九九八年，他又與花旗銀行合併建立全球最大的金融公司——花旗集團，桑迪一人統領這家旗下有27萬名員工的大企業。

沒錯，他就是連續多年被紐約證券交易所評為「最佳CEO」並且素有「資本之王」稱號的桑迪・威爾。美國《財富》雜誌曾為他寫了一篇《不可多得的管理者》的文章，裏面有一句話是對桑迪・威爾最巧妙而形象的概括：「1＋1＝4的財富人生！」

4・以「詭道」勝出

這裏有個關於美國石油大王約翰・洛克菲勒的故事。

在十九世紀初，德國人梅特里兄弟移居美國，定居密沙比，他們無意中發現密沙比是一片含鐵豐富的礦區。於是，他們用積攢起來的錢，祕密地大量購進土地，並成立了鐵礦公司。洛克菲勒後來也知道了，但由於晚到了一步，只好在一旁垂涎三尺，等待時機。

一八三七年，機會終於來了。由於美國發生了經濟危機，市面銀根告緊，梅特里兄弟陷入了窘境。一天，礦上來了一位令人尊敬的本地牧師，梅特里兄弟趕緊把他迎進家中，待作上賓。在聊天中，梅特里兄弟的話題不免從國家的經濟危機談到了自己的困境，牧師聽到這裏，連忙接過話題，熱情地說：「你們怎麼不早告訴我呢？我可以助你們一臂之力啊！」

走投無路的梅特里兄弟大喜過望，忙問：「你有什麼辦法？」

牧師說：「我的一位朋友是個大財主，看在我的情面上，他肯定會答應借給你們一筆款子。你們需要多少？」

「有42萬美元就行。可是，你真的有把握嗎？」

「放心吧，一切由我來辦。」

梅特里兄弟問：「利息多少？」

梅特里兄弟原本認為肯定是高息，但他們也準備接受了。

誰知牧師道：「我怎麼能要你們的利息呢？」

「不，利息還是要的，你能幫我們借到錢，已經非常感謝了，哪能不付利息？」

「那好吧，就算低息，比銀行的利率低2厘，怎麼樣？」

兩兄弟以為是在夢中，一時呆住了。

於是，牧師讓他們拿出筆墨，立了一個借據：

「今有梅特里兄弟借到考爾貸款42萬美元整，利息3厘，空口無憑，特立此據。」

梅特里兄弟又把字據念了一遍，覺得一切無誤，就高高興興地在字據上簽了名。

事過半年，牧師再次來到了梅特里兄弟的家裏，他就對梅特里兄弟說：「我的那個朋友是洛克菲勒，今天早上他來了一封電報，要求馬上索回那筆借款。」

梅特里兄弟早已把錢用在了礦上，一時間毫無還債的能力。於是，被洛克菲勒無可奈何地送上了法庭。在法庭上，洛克菲勒的律師說：「借據上寫得非常清楚，被告借的是考爾貸款。在這裏我有必要說明一下考爾貸款的性質，考爾貸款是一種貸款人隨時可以索回的貸款，所以它的利息低於一般貸款利息。按照美國的法律，對這種貸款，一旦貸款人要求還款，借款人要麼立即還款，要麼宣布破產，兩者必居其一。」

於是，梅特里兄弟只好選擇宣布破產，將礦產賣給洛克菲勒，作價52萬元。

幾年之後，美國經濟復蘇，鋼鐵業內部競爭也激烈起來，洛克菲勒以一九四一萬元的價格把密沙比礦賣給了摩根，而摩根還覺得做了一筆便宜生意。

也許有人會說洛克菲勒不守商業道德。但是洛克菲勒並不這樣認為，他認為只要自己的經營手法以法律規範為底線，沒有觸犯相關的法律條文，便是無可厚非的。因為在商場競爭中，只有兩種人：贏者和輸者，而不是道德高尚者和道德低下者。

商場如戰場，而「兵者，詭道也」，講究虛實之間，攻其不備，出其不意，很多的富人正是通過「詭道」積累下了豐厚的家產。

5．忙真正值得忙的事情

一隻蜜蜂和一隻蒼蠅同時掉進了一個瓶子裏。在這個瓶子的瓶口處有一個小口。蜜蜂整日在瓶子的底部轉來轉去，牠每日充滿希望的一刻不停地咬啊、叮啊，希望自己可以叮破這個瓶子，就可以出去了。結果，三天之後，牠死在瓶子裏面。蒼蠅呢，牠在瓶子裏轉了幾圈後，發現四周都很堅固，於是就飛到瓶口處，意外地發現那裡有一個口子，就飛了出去。

準確地找到奮鬥的方向，不要把主要的精力放在尋找解決問題的突破口上，像蜜蜂一樣不停地埋頭苦幹，雖然極為勤奮，但是徒勞無功，枉費心機。

窮人終身勞碌卻一無所獲，富人不甚忙碌卻頗為富有，甚至是不勞而獲。後者看似清閒，卻把全部的精力放在了他真正應該投入的地方，他明白應該在什麼地方投入許多的精力，什麼事情根本不需要投入精力。而前者，看似終日奔忙，但是他卻不知道自己真正應該做的事情是什麼，他們的原則是：這是工作，就要完成，至於為何要完成這些工作，怎樣才能完成這些工作，他全然不知。在這些問題面前，他們變得稀裏糊塗。他們一心想的是快點做，快點做，再快一些。大量的精力被放在了一些不重要的事情上，以致錯過了做重要事情的機會，而因小失大。

作為世界上最為精明的投資者們爭奪的寶地，華爾街聚集了為數眾多的投資者。許多投資者每天都要緊盯著電腦看行情的報價，不放過任何一個可以看到的市場分析、評論的文章，因為他們明白假如錯過任何一個有價值的資訊，就可能失去一次絕好的發財機會。因此，他們整天都待在自己的辦公室裏，緊張地研究和分析各種可能的情況。回家之後，還在不停地思考和預測未來的變化。僅在辦公室裏，他們每週都至少工作80個小時以上，然而，每每事與願違，他們的投資大多都以虧本告終。

與此同時，著名的金融家摩根也在這條街上，不過他與眾多的投資者不同。人們大多數時間是看見他在休假，或者是娛樂，他每週的工作時間不到30小時。人們大惑不解，就問他為何如此輕鬆卻賺到了那麼多的錢。他回答說：「那其實是工作的一部分，只有遠離市場，才能更加清晰地看透市場。那些每天都守在市場上的人，最終會被市場中出現的每一個細節所左右，也就失去了自己的方向，被市場給愚弄了。」

摩根賺錢很輕鬆，正如他自己所說的那樣，一味艱苦地工作，往往看不清市場的本來面目，被市場所愚弄，當然賺不到錢了。而摩根在玩樂中，超然於紛繁複雜的市場之外，他能夠極為冷靜地判斷目前的市場走勢，透過光怪陸離的表面看清楚目前的問題所在，這才是摩根的過人之處。

只會拼命地工作，盲目地跟隨，結果肯定是輸得一塌糊塗。

「有些事情何必自己去幹呢，你只需要幹自己必須去幹的事情，其他的事情交給別人去幹好了。一個人倘若事必躬親，不論其才幹多麼高超，也難以兼顧。」洛克菲勒說，「我永遠信奉幹活越少，賺錢越多。我只去做那些需要自己認真思考的事情，這樣才有意義。」

6．該出手時就出手

李嘉誠是聞名海內外的華商巨富大款。特別是他在地產業的卓越成就，更是讓大眾讚歎不已。有人說：「李嘉誠橫掃香港的地產業！」

那麼，讓我們看一下李嘉誠馳騁於香港房地產的經歷。

二十世紀50年代後期，香港經濟步入繁榮時期，但人多地少的矛盾日益突出。李嘉誠果斷地覺察到，投身房地產業的時機已到了！於是，從一九五八年開始，他就步步為營，有計劃有選擇地購買房地產、地皮。首先，他在香港北角購買了一塊土地，建築了一座大廈，從此拉開了房地產生意的序幕。接著，他又在柴灣購買地皮建樓，兩座大廈總面積共計12萬平方英尺。不久即順利出手，斬獲頗豐。

二十世紀50年代末，他的智囊團提供的各類資訊表明：香港將步入後工業化時代。「港英政府」將實行高地價政策。李嘉誠看準勢頭，當機立斷，買下了新界屯門鄉的一塊地皮建造工廠。60年代初，李嘉誠的發家產業長江公司的塑膠花生產漸入低谷。面對這種形勢，李嘉誠下決心轉變經營類型，大規模進軍房地產業，短短幾天內便買下了上百萬平方米的地皮和舊樓。不久，香港地價、房價暴漲，李嘉誠由原來的千萬富翁一躍跨入了億萬富翁的行列，成為香港地產業的巨人。

李嘉誠超人的膽識和魅力，尤其體現在二十世紀60年代中後期。當時，香港政局不穩，投資驟減，房地產價格猛跌。於是一些商人紛紛拋售地產，以防萬一。此時的李嘉誠卻與他們截然相反，他把全部資產轉入地產業，而且光買不賣。在別人眼中，他簡直是愚蠢透頂。而李嘉誠卻獨具慧眼：「我看準了不會虧本才敢投資，男子漢大丈夫還怕風險？怕就乾脆別幹。」可以說，這麼一來，李嘉誠的地產事業進入了第二個高潮時期。

當時一些目光短淺的商人日夜擔心大陸會以武力收回香港，於是紛紛地價拋售多年苦心經營的工廠、商號、酒樓、住宅等，企圖攜款逃難。李嘉誠卻始終持長遠眼光，認為大陸絕對不會對當局動武，大陸和香港之間不可能爆發戰爭。李嘉誠公開宣稱：「你們大拍賣，我來大收買！以後，你們有追悔莫及的那一天！」於是，他以超低價一座接一座地買進大樓，同時還趁建築材料疲軟之時大興土木，建起了一座座高樓大廈。

到了二十世紀70年代初期，香港地價再次回升，房價大漲。而此時的李嘉誠已經建起了許多漂亮的大樓和廠房，不久即全部出售，賺取了不菲的利潤。

作為一個有遠見卓識的企業家，李嘉誠並沒有就此裹足不前，而是繼續奮鬥，再創佳績。當時，香港股市存在很多不確定因素，投資股市需承擔著較大的風險，李嘉誠孤注一擲先後發行了近二千萬股股票，籌集了2億多港元資金，組建了「都市地產」公司，與新鴻基、亨隆等集團公司實行聯營，買入了港島灣仔旁英美煙廠舊址，興建大廈後，迅速脫手又獲利超過億萬元。

到一九七二年，李嘉誠已經擁有了35萬平方英尺的房地產建築，每年租金收入高達390萬港元；他還買下了7塊地皮，興建大樓。他以八千五百萬港元買進占地86.4萬平方英尺的北角半山風景區，在「賽西湖」地段興建了10座高達24層的高級住宅，並將其餘空地建成娛樂休閒度假村。他與新鴻基、亨隆、周大福等集團聯合，買下了灣仔海灘的高士打道、英美煙草公司的地皮，興建了伊莉莎白大廈和洛克大廈。李嘉誠發行的股票已超過1億股，共集資3億美元，先後興建了幾十座大廈、廠房出售，公司再創淨利潤達5億多港元。到二十世紀80年代末期，地價上漲一、二十倍之多！而此時的李嘉誠已擁有房屋500萬平方英尺，與香港政府、英資的置地公司，形成三足鼎立的局面。

7・與大眾背道而馳

在某些時候，你可能會在華爾街的星巴克遇到大衛・希羅，如果你恰好看見他正在零錢罐裏翻找什麼，不要好奇。貴為資金規模52億美元的奧克馬克國際基金的投資組合經理，希羅並不是在尋找零錢為自己的泡沫摩卡買單，而是在搜尋二十世紀20年代鑄造的1美分硬幣，其中一些現在已身價成百上千美元。沒錯，希羅的搜尋招惹了其他人異樣的眼光，但對希羅來說，這種做法卻再正常不過了，無論是在收藏還是投資方面。

一九九八年，當投資者紛紛逃離亞洲貨幣危機過後的新興市場時，希羅卻在這些市場大舉買進。而油價飆升時，他又對能源股避之不及。現在熱錢潮水般湧入巴西和中國等國家，希羅對這些市場的投資卻僅占其投資組合的區區7%。這個49歲的「大男孩」說，一旦某個股市火爆起來，「人們趨之若鶩，我們則退避三舍」。

這種與大多數人背道而行的方法幫助希羅——一個土生土長的美國威斯康辛州鄉下人，在過去10年擊敗了99%的同業競爭者。過去10年中，希羅的基金回報率達到幾乎每年8%，比摩根士丹利資本國際歐洲、大洋洲和遠東指數（MSCIEAFE）高出7個百分點。立特曼／格列格利資產管理公司（Litman/Gregory）的首席投資長傑瑞米德古魯特（Jeremy

DeGroot）說：「他願意等著，直到全世界都來關注他的想法。」希羅為這家公司提供諮詢。這說明他經常為哪支股票是真正值得投資的問題與其他投資人意見相左。作為一個愛車人，希羅把他購買的股票比喻成寶馬3系，而不是極其便宜的南斯拉夫「垃圾」貨。奢侈品零售商厲峰集團（Richemont）在他眼裏就是寶馬，該集團的股票與其他股票相比似乎相當昂貴，但由於這家公司的盈利能力和在發展中國家的廣泛佈局，其股票的確物有所值。

為了給自己的信念尋找依據，希羅與其工作人員定期出差海外，會見對象不僅包括他們想投資的公司，還包括這些公司的競爭對手、經銷商和控股股東。最近，雖然希羅不再稱新興市場存在泡沫，但他認為投資歐洲和日本的藍籌股是從美國以外國家的經濟增長中獲利的更好選擇。他管理的基金將大約60%的資金投在歐洲市場，儘管該地區發生了債務危機。希羅認為貶值的歐元最終會幫助歐洲經濟得到恢復，他也願意買入那些長期生存能力未受影響公司的股票。他曾經大舉買進了厲峰集團和西班牙國家銀行（Banco Santander）的股票。

此外，希羅還繼續持有一部分其投資組合中二〇〇九年跑贏大盤的股票，因為他覺得發行這些股票的公司很多都已成功提升了自己的競爭力。這一理念也使希羅與傳統思維格格不入，但只要他的投資組合可以產生出與部分1美分硬幣今日售價相當的增值倍數，他就不會在意。希羅說：「人們是如此習慣填鴨式教育，你不用害怕與眾不同」。

8．無風險套利

花榮，人送外號「花狐狸」，一九六四年出生，祖籍湖北，大學裏學習的是電信工程，畢業之後在郵電系統、外貿系統都謀過職。一九九一年，開始在鄭州證券做機房的工程師。不久，公司領導發現了他突出的操盤能力，把他調入自營部門，從此花榮踏上了人生的正軌——自營生涯。

一九九六年年底到一九九七年年初的深發展一戰，是花榮的最得意之作，多年以後，談及這一段經歷，花榮仍然難掩喜悅之情：「那時深發展走出了一波漂亮的行情，很多人只知道華夏證券現身其中，其實中租集團功不可沒。」

綜觀花榮19年的職業投資生涯，可以將其定位成一個徹頭徹尾的穩健投資者，雖然不了解他的人常會將他與與呼風喚雨、出手詭異的職業操盤手相聯繫。最近幾年，花榮常把「無風險套利」掛在嘴邊，他自陳：「股市一年中總有幾次穩當賺錢的機會，只要能抓得住，吃香的、喝辣的，給個市長都不換！」

在中國股市沒有做空機制的情況下，「無風險套利」一直讓人懷疑是個偽命題，炒股票怎麼可能沒風險？不過這確是花榮的投資準則。打新股自不必說，二〇〇八年，攀鋼鋼釩的整合方案，上電股份的換股合併，日照港的融資方案，還有發行權證時對市值的規定，在他眼裏都可以產生無風險的套利機會。憑藉無風險套利，他在〇八年的大熊市大賺了一筆。

花榮恪守「無風險套利」的準則，源於8年前一次刻骨銘心的經歷。那年間，因為國有股減持的消息，花榮幾乎賠光了所有的錢。雖然那時候證券公司是給客戶透支炒股的，但在高槓杆風險下，他還是賠光了自己的七、八百萬資金。

雖然沒有人知道花榮的確切身家，但是在花榮的交友圈子裏，經常活躍著三、四十人，其中身家最少的也有幾億元，多則近百億元。這個億元俱樂部的成員行事低調，不會在富士比榜單裏露臉，但他們的財富卻是實實在在的。

關於「無風險套利」

無風險套利是在套利的同時進行保值，鎖定了匯率。它是一種金融工具，是把資本（一般是貨幣）投資於一組外匯中，規定遠期匯率，取得外匯的存款收益後按既定的匯率將外匯換回本幣，從而獲得高於國內存款利率的收益。比如說，我國年利率為7％，美國為10％，一年期美遠期匯率比即期匯率低4％時，可以10％利率借入美元，經外匯市場兌換為人民幣，投資於我國，同時賣出遠期人民幣，則可無風險淨賺1％的差額。

本質上，無風險套利屬於跨期套利的一種，而跨期套利是指在同一種商品不同交割月份合約之間的價差出現異常變化時，在同一期貨商品的不同合約月份建立數量相等、方向相反的持倉如何把握主力持倉量，並以對衝或交割方式結束交易的一種操作方式。其中參與實際倉單交割的套利就是無風險套利，因為建立在嚴格的持倉成本和持倉條件基礎上，一般不會受市場行情波動的影響。當然，滿足這樣條件的「無風險」同時又有穩健收益的套利機會並不多見，一旦發生，往往會吸引資金積極參與。

市場存在的無風險套利主要有五種，分別為以退市為目的的回購股票回購的方式及股票回購的意義、股改中的套利機會、並購重組對股價的影響中的套利機會、私有化題材和基金封轉開等。ETF指數基金與對應股票在互相波動中，也可能存在套利機會。

無風險套利模型歸納為：當實際價差V套利成本時，跨期利潤＝實際價差－套利成本。當利潤達到一定程度的時候，進行獲利平倉。當兩合約價差逆向走高時，到期可進行交割，獲取穩定套利利潤，達到無風險套利目的。當然，無風險套利的機會不可能經常出現，但一旦出現，將是一種最穩健的獲取收益的方法。

9．房地產投資：只買對的　不賣對的

40歲出頭的鄧廣堅來自馬來西亞，16年前就到上海來打拼。那時候的他，是標準的「香

蕉人」：外表是黃的，骨子裏還是白種人，華文不會說也不會寫。而當時的上海，沒有麥當勞和肯德基，城市的色彩也單調乏味，甚至還限制外國人在外租房。所幸，他是個性樂觀的人，因為看好上海的發展，看好它的向前、向上發展的潛能，最終還是留了下來。

十幾年之後，上海有了股票交易所，有了金融貿易區，還湧現出鱗次櫛比的現代化高樓大廈。很多上海人爭相從狹窄髒亂的石庫門和老洋房搬出來，搬到配備了空調熱水和24小時保全系統的現代居室。而鄧廣堅卻跟他們不一樣，他不僅自己要住在老房子裏，還做起投資老房子的生意來。

鄧廣堅目前所在的地方，是當年法租界的地盤。老房子建造於一九二四年，名為The Belmont House，今天又稱小黑石公寓。在離它不遠處，就是熱鬧摩登的淮海中路。如今，上海小黑石公寓還居住著幾十戶人家，其中的1/3，都是鄧廣堅的房客。

這座折衷主義風格的老建築，原是洋人公寓，新中國成立後被收歸國有，一度成為政府高官的府邸。鄧廣堅對媒體說，當年的住戶中，一位是上海市的副市長，還有一位是同濟大學的校長。儘管整幢大樓年久失修，顯得有些髒亂不堪，但公寓整體保存得還是相當完好。據說，留存至今的儲藏室的門把手上，還刻有一個B字，以顯示房主的不凡身分。

鄧廣堅自陳，父親曾告訴他一句話：在房地產投資裏，永遠要記住一點，buy right, not sell right。翻譯過來，就是「只買對的，不賣對的。」

那麼，什麼是「對的」呢？在鄧廣堅看來，「對」字包含了兩點：一是供需關係，二是地理位置。他說：「從市場上的供需關係來看，老房子會越來越少，而相對的需求會越來越多。中國人不是強調『物以稀為貴』嘛，這很好解釋，你看，賣的少，買的多，一定會漲價，而買的少，賣的多，價格就一定會跌。」

此外，絕大多數的老房子，都是位於鬧中取靜的黃金地段，它們只會增值不會貶值。因此，儘管近兩年全球經濟形勢不明朗，鄧廣堅仍然堅信好房子的價值，仍然在不斷物色新的老房子。

鄧廣堅買了很多價值連城的老房子，資金基本上來自銀行貸款，自己不用出一分錢。

鄧廣堅自有他的理由。「我可以幫你算一筆賬。假設你有300萬元的資產，現在有一套300萬元的房子，你是一次性付清，然後不吃不喝呢？還是先付100萬元頭期款，然後用剩下的200萬元去做其他投資？好吧，假設你夠財大氣粗，一次性付光了300萬元，然後你把房子以每個月2萬多元的價格租出去，就算你夠幸運，租金年入30萬元，這樣你的收益就是10%；或者，你還可以首付100萬元，貸款200萬元，同樣的，假設你年收入30萬元，那麼你的收益就是30%。」基於這樣的盤算，鄧廣堅的租金完全可以用來還貸款，甚至好的時候，付完貸款每個月還能月多出1.8萬元。

當然，為了以防萬一，鄧廣堅和投資夥伴手裏還有一筆固定資金，這筆錢是到了萬不得已的時候，才能動用的。

10．用大智看大勢賺大錢

投資方向和投資工具並不是一成不變、適用終身的。任何投資都是以市場為依託，隨著供需變化不斷發生變化的。

如果死死守住最原始的投資方向和投資策略，不理會投資市場的變化，市場最終一定會丟下你。不變的是理論，變化的是策略。在瞬息萬變的投資市場裏，富人往往能看準市場，不斷發現問題，從而通過發現新的機遇而贏得了源源不斷的利潤。

勞埃爾・皮科克曾說過：成功人士的首要標誌是他的思維方式。據《夷堅志》記載，南宋時期，有一次臨安城失火，殃及魚池，一位姓裴的店主也遭到牽連，但是，他並沒有立刻救火，而是帶上銀兩和夥計到城外去採購建材。火災過後，百廢待興，建材熱銷，此時這位裴氏商人所賺的錢比被燒店鋪的價值高10倍還要多。管中窺豹，略見一斑，對市場的預見性是投資者財富永不乾涸的源泉。

美國人基姆・瑞得年輕時一直從事海洋沉船的尋寶工作。可是有一天，一個高爾夫球改變了他一生的命運。

有一天，他看見有個人正在打高爾夫，由於動作失誤，球被打進高爾夫球場的湖中。此時基姆的眼前一亮，彷彿看到了商機。

很快他換好潛水衣，就帶著打撈工具縱身跳進湖中。正如他所預料，這個湖中有大量的高爾夫球。而且，這些球看起來都還很新，原來這些球都是人們不小心打到湖裏的。

後來，基姆返回岸上，跟球場經理約定好以每個10美分的價格，打撈之後並賣給球場。於是在一天的時間裏，他打撈了不下二千顆球，當然收入也很多，幾乎相當於他以前一個星期的報酬。

認準機會的基姆，索性每天把打撈出來的球進行清洗，然後噴漆，最後再以低廉的價格賣出。可是不久，越來越多的潛水夫看中這一賺錢方式，紛紛效仿基姆撈球。

看好市場的基姆再一次轉換思路，專職做起了回收舊球的生意。他於是不再下水撈球，而是坐收漁人之利，以略微低的收購價格回收舊球，這樣幾乎每天都可以收到大量舊球。到現在他的舊高爾夫球回收利用公司一年的總收入已超過800多萬美元。

高爾夫球天天落水，別人熟視無睹可是基姆卻從中看到金錢，看到機會，當別人追隨他的賺錢軌跡後，他又開始調整自己的策略，把不利競爭變為有利財源。

聰明的投資者總是善於創造財富的。在當今這個競爭激烈的年代，只有看準大勢，勇於把握機會，善於調整策略，投資者才會得到不少的回報。

投資需要開動腦筋，需要適時地調整自己，在平凡之中發現不平凡的賺錢機會。一個懂得追求金錢的投資者才有可能得到金錢的垂青。下崗女士周立僅用幾千元人民幣啟動資金，就轟然叩開了財富之門。

10年前，周立下崗了，那年她剛32歲。而當時丈夫每月也只有500多人民幣的工資，家裏上有老下有小，既有長期臥病的老人，又有孩子要上學。在周立看來，天都要塌下來了。已進而立之年的她，一沒有專長，一沒有資金，無奈之下，周立只好四處托人找工作，後來終於在一家家政服務公司做起了鐘點工。

幾個月後，周立被派往某別墅區做鐘點工。由於表現不錯，被這家長期雇用。可是不久，她在做家庭清潔時遇到一件令人頭痛的事：這家的空調製冷效果突然下降。接著，這家人又莫名其妙地出現了鼻子和咽喉乾燥、全身無力等症狀。他們在網上一搜索，發現自己得了「空調病」。

原來「空調病」的主要原因是，空調在運行中，內部的靜電發生吸塵，微小灰塵穿過空氣過濾網進入空調內部，經過潮濕的蒸發器全面接觸後，再吹回室內；長此以往，室內的灰塵、污垢、細菌等積累堵塞在空調內部，當空調停機後，溫度的恢復會使細菌繁殖、黴變，並產生異味，最終導致「空調病」的發生。

面對這個問題，周立不知所措。無奈之下只得向這個空調的售後服務部聯繫。說明情況之後，售後人員就告訴她應該使用某類清洗劑和消毒劑，然後又登門耐心教會她如何使用。

此時周立才知道，原來空調的清洗消毒，並非那樣簡單，只洗洗室內機的防塵罩還是遠遠不夠的，要徹底清潔它是有一套嚴格的保潔程序要做的！後來周立又跟別人學會徹底清洗廚房抽油煙機的方法，徹底清理後的油煙機，可以大大減輕風機的運轉負荷，機器的抽排煙能力也得到大大提高。

勤勞的周立把這些知識都用到日常的保潔工作中，幫助雇主把家裏的空調、抽油煙機進行徹底擦拭、清洗和消毒，直到它們又都重新煥發出了光彩。

聽到消息的鄰居趙女士主動找上門來，請周立去把她家裏的幾個空調也全部進行清洗、消毒。熱情的周立很爽快地就答應了，沒想到幹完活，鄰居連連道謝，還付了200元手工費。不久，這個社區裏又先後有幾十戶人雇她去清洗空調及抽油煙機。短短幾天之內，她竟然賺到了二千多元錢，大大出乎她自己的意料。

見生意如此火爆，聰明的周立就想乾脆開個家庭保潔公司。經過調查，周立獲知在發達國家和地區，人們對空調、電視、電腦等電器的致病、耗能了解很多，專業家電清洗業十分發達，很多地方政府都制定了相關的法規，強制性地對公共場所的電器進行定期的清洗消毒。而大陸家電用品的普及時間還不長，因此消毒清洗的工作還沒有引起人們的重視，但是隨著近年來越來越多健康知識的普及，專業家電清洗業市場的潛力大得驚人。

周立下定決心投資做這一行，廣泛了解之後，她得知有一家家電清新加盟連鎖公司。於是她來到這家公司，繳納了加盟費之後，就拿到了清洗設備、清洗劑、技術教程、行銷策略建議、工衣工帽工牌等開展業務所需的各種軟硬體。

一年之後，周立招聘了幾名下崗職工，創辦了一個專門從事家電專業清洗的小公司。而進入這一行業的資金門檻非常低，由於所經營的業務都是上門服務，所以沒有必要租什麼好門面，只需一間普通辦公室、一部電話即可。由於沒錢做廣告，周立就把服務目標定在高級住宅區的物業上。

她首先跟物業管理處取得聯繫，如果對方允許他們進駐社區，就會通過物業通知的形式向社區住戶推介。他們每天都能接到很多要求作清洗和消毒的工作，由於收費又不高，所以人們就開始為他們作口頭廣告。

這個服務專案的受歡迎程度遠遠超出周立的預期。僅在一個社區就先後為80多家提供了服務，除工人的工資、房租等開支外，純利潤達到了一萬多元。

後來周立又得到多家社區物業的營業允許，生意越做越大，有時候因為要求提供服務的客戶太多，只得讓他們排隊等候，甚至有的還被排在了一個月後。接著周立又招聘了10名工人，其中還有幾個是畢業後沒找到工作的大學生。

如今在家電清洗消毒市場，周立的公司已經站穩腳跟，還為30多個下崗職工提供了就業機會，幾年下來她不但還清了原來的債務，還有了上百萬元的家底。

一名平凡的下崗女工，通過自己的努力，不但發現了賺錢的機會，還為很多人解決了就業問題。周立的成功靠的不僅僅是勤奮，還有智慧以及對市場的預見和把握。

11．不為沒把握的事情而等待

一天，靠炒賣股票發家的巨富列宛，看著他8歲的兒子在院子裏捕雀。

捕雀的工具很簡單，是一個不大的網子，邊沿是用鐵絲圈成的，整個網子呈圓形，用木棍支起一端。木棍上繫著一根長長的繩子，孩子在立起的圓網下撒完米粒後，就牽著繩子躲在屋內。

不一會兒，就飛來幾隻雀兒，孩子數了數，竟有10多隻！牠們大概是餓久了，很快就有8隻雀兒走進了網子底下。列宛示意孩子可以拉繩子了，但孩子沒有，他悄悄告訴列宛，他要等那2隻進去再拉，再等等吧。

等了一會兒，那2隻非但沒進去，反而走出來4隻。列宛再次示意孩子快拉，但孩子卻說，別忙，再有1隻走進去就拉繩子。

可是接著，又有3隻雀兒走了出來。列宛對他說，如果現在拉繩子還能套住1隻呢。但

孩子好像對失去的好運不甘心，他說，總該有些要回去吧，再等等吧。

終於，連最後1隻雀兒也吃飽走出去了。孩子很傷心。

列宛撫摸著孩子的頭，慈愛地對兒子說：「欲望無窮無盡，而機會卻稍縱即逝，很多時候，為了得到更多而一味等待，不採取果斷的行動，不但不能滿足我們的欲望，反而會讓我們把原先擁有的東西也失去。」

當你一旦決定在某項投資時，就一定要制訂短期、中期和長期的三套投資計畫。

短期計畫實施後，即使發現實際情況與事前預測有出入，你可能會吃驚但不要動搖甚至放棄，仍積極地按原計劃實施。經過短期計畫的實施後，即使效果不及預料的好，也要推出第二套計畫，繼續追加投入，設法完成各項策略的實施。當第二套計畫深入進行後，仍未達到預測的效果，又沒有確切的事實和依據證明未來有所好轉，那麼這個時候，就要痛下決心，毫不猶豫地放棄這項投資。

成功的經營者認為，放棄了已實施了兩套計畫的事業是明智的選擇，即使虧掉了不少投入也無所謂。生意未盡人意，為後來留下後患，一堆爛攤子時刻困擾未來的工作，這樣就長痛不如短痛。

在經營活動中，要培養自己忍耐的品性。但這種忍耐是基於合算和有發展前途的投資基礎之上的。當發現不合算或沒有發展前途時，不用說幾個月，哪怕幾天也不要再等待下去。

富商的兒子詹姆士像個花花公子一樣，把父親給他的一筆財產敗光之後，生活難以為繼時才覺醒要努力奮鬥，決心從頭做起。他從哥哥那裡借錢自己開辦一間小藥廠。他親自在廠裏組織生產和銷售工作，從早到晚每天工作18個小時。然後把工廠賺到的一點錢積蓄下來擴大再生產。幾年後，他的藥廠極具規模了，每年有幾十萬美元盈利。

經過市場調查和分析研究後，詹姆士覺得當時藥物市場發展前景不大，又了解到食品市場前途光明。經過深思熟慮後，他毅然出讓了自己的藥廠，又向銀行貸了一些錢，買下「加雲食品公司」控股權。

這家公司是專門製造糖果、餅乾及各種零食的，同時經營煙草，它的規模不大，但經營品種豐富。詹姆士對該公司掌控後，在經營管理和行銷策略上進行了一番改革。他首先將生產產品規格和式樣進行擴展延伸，如把糖果延伸到巧克力、口香糖等多品種；餅乾除了增加品種，細分兒童、成人、老人餅乾外，還向蛋糕、蛋捲等發展。接著，詹姆士在市場領域上大做文章，他除了在法國巴黎經營外，還在其他城市設分店，後來還在歐洲眾多國家開設分店，形成廣闊的連鎖銷售網。隨著業務的增多，資金變得雄厚，詹姆士又隨機應變，把英國、荷蘭的一些食品公司收購，使其形成大集團。

詹姆士的成功，正是得益於他當初對小藥廠經營前途不佳的理智分析，及時調整經營思路，轉向食品行業。顯而易見，適時放棄也是一種大智慧。

12．從別人的危機中尋找自己的良機

投機並不等於蠻幹一通。投資技術較高的富人，懂得區分良莠，深諳取捨之理。利用別人的危機，來填滿自己的腰包，對猶太富人來說，並不是什麼稀奇事。

斯瓦羅斯基家族世代從事玻璃製造仿鑽石飾品的生意，而且一直生意興隆。精明的美國人羅恩斯坦早就想將這家公司收入囊中，因考慮到時機尚未成熟，只好耐心地靜待時機。

時機終於來了。第二次世界大戰結束後，奧地利被法軍佔領，由於第二次世界大戰中斯瓦羅斯基公司曾接受納粹的訂單，為德國製造過軍用望遠鏡等物資，所以法軍要沒收該公司的資產。羅恩斯坦得知此事後，立即前往談判。他說：「我可以和法軍交涉，設法不使法軍沒收你們的公司。但條件是，如果交涉成功，請將貴公司的銷售權讓給我，並且在我有生之年可以從總銷售額中提取10％的酬金。意下如何？」

斯瓦羅斯基家族為了保住自己的公司，只好委曲求全，接受了羅恩斯坦開出的全部條件。羅恩斯坦又馬上前往法軍司令部，鄭重提出申請：「我是美國人羅恩斯坦，從即日起斯瓦羅斯基公司已成我的公司，該公司的財產也就成了我的財產，所以我拒絕法軍的沒收。」法國司令官一聽該公司已成了美國人的公司，而美國人總是惹不起的，頓時啞口無言，只好

放棄了沒收該公司的打算。

這樣，由於算準了時機，羅恩斯坦未花一分錢，不費吹灰之力就成立了該公司的銷售代理公司，輕鬆自如地賺取了銷售額10%的利潤。

同樣，猶太金融家韋爾也是一個目光敏銳、判斷力極其準確的金融投機家。

在二十世紀70年代，股票行情一直不穩定，股票價格也飄忽不定，較小的經紀所往往朝不保夕，紛紛倒閉。韋爾乘機吞併了大批較小的商號，而且接管了一部分經濟不景氣的大商號。例如，洛布・羅茲公司也是一家投資商號，在華爾街的經濟實力與韋爾經營的希爾森公司不相上下，然而它的機構不夠靈活，管理方法有些落後。韋爾看到這一點之後，立即提出與洛布・羅茲公司合併。在合併談判過程中，韋爾先躲在幕後操縱，然後在關鍵時刻親自出馬，充分發揮自己的才智，最後合併成功。韋爾就這樣既擺脫了困境，又賺了大錢，從而在華爾街鞏固了地位。然而，韋爾並不是輕易投機的，相反，他對這類問題極其慎重。他常說：「涉及合併的談判，人人都會緊張，因為處處都有陷阱。」

正所謂「馬無夜草不肥」，很多的富人都是因與一個良機結緣而突然致富，而這種良機正是建立在他人的危機之上。

第二章

富人為增加現金流而努力

比爾・蓋茲有一次和一位朋友同車前往希爾頓飯店開會，由於去遲了，以至找不到車位。他的朋友建議把車停在飯店的貴賓車位，蓋茲否決了：「噢，這可要花12美元，可不是個好價錢。」

「我來付。」他的朋友大方地說。

「那可不是好主意」，蓋茲堅持道，「他們超值收費。」

由於蓋茲的固執，汽車最終沒停放在貴賓車位上。到底是什麼原因使蓋茲不願多花幾美元將車停在貴賓車位呢，原因很簡單，蓋茲作為一位天才的商人深深地懂得，哪怕只是很少的幾塊錢甚至幾分錢，也要讓每一分錢發揮出最大的效益。

不愧為蓋茲惺惺相惜的朋友，股神巴菲特也曾說：「我之所以成為世界首富，是因為我花得少。」

1．開闢多種管道賺取金錢

在物價飛速上漲的今天，如果僅僅靠一份工作來積累財富恐怕是天方夜譚了，各種消費都在洗劫我們的錢包，不要說積累財富了，可能連當月的基本消費都承擔不起，即使面對這種困境，生活還得繼續，不是嗎？所以僅僅一份工作，靠著「鐵飯碗」的時代已經成為歷史

了，當今，身兼多職才是時代的主題。無數富人的經歷告訴我們：不要放過任何一個賺外快的機會，外快可以讓你更快地成為富人俱樂部的會員。

彼得・林奇是麥哲倫基金的創始人，現任美國富達公司第一副總裁，他被稱為是美國最偉大的基金經理和投資奇才。彼得・林奇出生於美國波士頓的一個富裕家庭裏。父親曾經是波士頓學院的數學教授。他10歲那年，父親因病去世，全家的生活陷入困境。家人開始節衣縮食，彼得・林奇也從私立學校轉到了公立學校。

為了緩解家庭的經濟壓力，彼得・林奇在一個高爾夫球場當球童，那時候很多大企業的老闆都有打高爾夫球的愛好，他們經常在一起討論經濟和投資問題，於是小林奇就在他們的談話中，接受了股票市場的早期教育。每一次的兼職，他不僅僅掙到了錢，還學到了無價的知識和經驗。

彼得・林奇讀完中學後，順利考進波士頓學院，即使在學習期間，他也未放棄兼職球童的工作。大學一年級時，彼得・林奇獲得了球童獎學金，加上積累的小費，他不僅可以自己支付昂貴的學費，而且還剩下一筆不小的積蓄。

大二那年，他聽完證券學教授講授的美國空運公司的未來前景後，立刻從積蓄中拿出1250美元投資於飛虎航空公司的股票。這種股票因太平洋沿岸國家空中運輸的發展而暴漲。彼得・林奇憑藉這筆資金狠狠地賺了一筆外快，這筆錢供他讀完了大學，還讀完了研究生。

彼得・林奇攻讀研究生時也沒有閑著，他早已深深體會到各種兼職給他帶來的金錢和知識收穫。他利用暑假時間，在富達公司找到了一份兼職工作。

那時候富達公司在美國發行共同基金的工作中做得非常出色，所以彼得・林奇能在這樣的公司實習，對他而言，機會是非常寶貴的。在富達公司，彼得・林奇被分派做企業調研和撰寫報告的工作，負責對全國造紙業和出版業的真實情況進行實地調查分析。除了比較可觀的實習費外，他還通過深入接觸股票，認識到了股票的真面目。

後來，他正式進入了富達公司工作，一九七四年，彼得・林奇升任富達公司的研究主管。一九七七年，彼得・林奇被任命為富達旗下的麥哲倫基金的主管，從此他擁有了一番可以展翅高飛的天空。

回想他以前走過的兼職生涯，不僅僅給他積累了生活所需的資金，還給他帶來了很多在日後倍加受用的知識。

現在依然有很多人狹隘地認為：兼職只是窮人才去做的苦力活。這種想法嚴重地毒害著他們的求富思維。於是，即便是賺外快的機會幸運地找上了他們，他們因為好面子、怕丟人，或者害怕辛苦也不肯去接受它們。他們依然靠著那點微薄的薪水，勒緊腰帶度日。當他們看到別人在享受生活，叱吒股市的時候，他們只有羨慕的份兒。

事實上，賺外快已經不僅僅停留在因為是沒錢花而需要去做的年代了，能夠賺到外快不

僅僅是財源的一種，更或許是把握機會、獲得知識的一種。身兼多職會讓你認識更多的人，接觸更多的工作，體會更多的生活。人生本來就應該是豐富多彩的，如果被一項工作遮住了全部的視線，你不覺得那是一件非常可惜、狹窄的人生嗎？

金融大鱷喬治・索羅斯說，現在所有人的收入只有一個來源，就是工作。這種財務結構是有一定風險的，如果你只有一份工作，那相當於你的風險就高達50％，如果你擁有很多份兼職，那麼你的財務風險就會根據兼職的增多而大大降低。所以想擁有穩健的財務結構，就要不斷地努力工作，還要辛勤地身兼多職。

索羅斯從一九六九年建立「量子基金」至今，他創下了令人難以置信的業績，以平均每年35％的綜合成長率令華爾街同行望塵莫及。

索羅斯一九三〇年生於匈牙利的布達佩斯一個中上等級的猶太人家庭。他的父親是一名律師，為人精明，很有經濟頭腦，對幼時索羅斯的影響是極其深遠的。父親不僅教會了索羅斯要自尊自重、勇於探索，而且向索羅斯灌輸了一些超前的理財觀念。

索羅斯在少年時代就盡力顯出自己的與眾不同，他興趣廣泛，在運動方面比較擅長，尤其是游泳、航海和網球，並喜歡涉獵很多他沒有接觸過的領域。索羅斯的童年是美好的，直到一九四四年，隨著納粹對布達佩斯的侵略，索羅斯的幸福童年就宣告結束了。

一九四七年秋天，17歲的索羅斯隻身離開匈牙利，準備前往西方國家尋求發展。他先去了瑞士的伯爾尼，然後馬上又去了英國的倫敦。在倫敦的時候，他打了很多小工，涉及了很多方面的兼職，但是由於他學歷低，所以他從事的兼職含金量都太低。工資非常低，又缺乏樂趣，於是他對人生有了新的決定，就是繼續求學。一九四九年，索羅斯進入倫敦經濟學院繼續學習。

在倫敦經濟學院，索羅斯選修了諾貝爾經濟學獎獲得者約翰・米德的課程，這對他走上經濟之路發揮了啟蒙的作用。此外，他還學習了英國哲學家卡爾・波普的課程，通過學習，他了解到經濟運作的方式，並開始思考它與世界經濟的關係。此外，在讀書期間，他也沒有放棄做兼職的機會，理論和實踐的結果讓他把一些經濟現象看得越來越透徹。這些學習和經歷給了他豐富的知識，對索羅斯建立金融市場運作的新理論打下了堅實的基礎。

一九五三年春，索羅斯從倫敦經濟學院學成畢業，他面臨著如何謀生的問題。為了生存，他做過很多工作。最開始，他選擇了推銷手袋的工作，但他很快發現推銷手袋這份工作沒有什麼大的發展前景，於是他就又開始尋找新的賺錢機會。當索羅斯發現參與投資業有可能掙到大錢時，他就給城裏的各家投資銀行發了一封自薦信，最後一家公司聘他做了一個見習生。他的金融生涯從此揭開了序幕。同時，索羅斯還擔當著這家公司的交易員職位，專事黃金和股票的套利交易。雖然這些兼職並沒有給他帶來很大的財富，但是卻給他積累了千金難買的經驗。

一九五七年，索羅斯帶著他的全部積蓄五千美元來到紐約，通過熟人的引見，進了另一家公司，當了一名套利交易員，並且從事歐洲證券分析工作，為美國的金融機構提供諮詢。一九五九年，索羅斯轉入經營海外業務的Wertheim公司，繼續從事歐洲證券業務。幸運的是，Wertheim公司是少數幾個經營海外業務的美國公司之一，因此索羅斯始終是華爾街上很少幾個在紐約和倫敦之間進行套利交易的交易員之一，這種寶貴的經歷給了他很大的收益。

一九六〇年以後，索羅斯多年兼職獲得的工作經驗終於得到了發揮空間和回報。他經過分析研究發現，由於德國安聯保險公司的股票和房地產投資價格上漲，其股票售價與資產價值相比大打折扣，於是他建議人們購買安聯公司的股票。摩根擔保公司和德累福斯基金根據索羅斯的建議購買了大量安聯公司的股票。結果如索羅斯所料，安聯公司的股票價值翻了3倍，索羅斯因而名聲大振。

索羅斯一直堅持「穩健經濟理論」，他和美國第一理財大師蘇茜·歐曼的理論恰有同工異曲之處。所謂穩健經濟，就是個人的資產來源不要期望於一個目標上。道理很簡單，用交通工具做個比喻，四個輪子的汽車永遠比兩個輪子的自行車跑得穩當，而且速度快。對於財富累積也是同樣道理：僅僅靠一個工作來掙錢，錢永遠不會來得穩健而且高速；必須懂得尋找兼職，通過各種外快提高自己的財富積累速度。

蘇茜·歐曼說，金錢並不是骯髒和邪惡的東西，只是看待它的人心有善有惡罷了。金錢永遠是多多益善的，這不是拜金，而是對美好生活的追求。

在生活中，蘇茜・歐曼也執行她的「金錢論」，據說如想和她共進晚餐，那麼請先付一萬美元的預約費。或許這個昂貴的預約費也只有這個精明的理財大師才敢要。

蘇茜・歐曼絲毫不掩飾她對金錢的追求，她兒時的一些記憶以及家庭教育對她的影響，都讓她覺得對金錢的追逐，是每一個智慧的人都迫切想去做的。這種原始的欲望如果被壓抑，那就是虛偽的。通過正當手段追求金錢，不僅是光明正大的，而且是應該被推崇的。

蘇茜・歐曼大學畢業後，在一家麵包房裏做了7年的女店員。後來得到了一個老主顧的支援，她用借來的5萬美元購買了石油股票，結果她有了五千美元的盈利。然而，隨著國際石油市場的動盪，她的積蓄又被洗劫一空。她受到很大的打擊，她認識到如果不把握其中的規律是永遠無法獲得主動權的，於是她潛心學習，決定當一名專業的理財師。

從一個女招待到富翁的理財顧問，而她自己也成為身價億萬美元的女性，她不僅僅成為全世界女性的榜樣，也讓很多男人都望塵莫及。蘇茜・歐曼被譽為「全球最出色，最富有激情，也是最美麗的個人理財師。」

這位傳奇的女性在講授理財之道時，最喜歡強調的是，錢就是一件非常好的東西，多多益善，為什麼要壓抑自己對它的狂熱呢，積極地行動起來，不放過任何一個掙錢的機會，這樣你才有成為億萬富翁的可能。她認為，金錢是不分國度的，雖然各國文化對金錢的看法有差異，各國的個人財務制度，以及金融機構的個人產品也有所差異，但總體來講，投資原則是一致的，金錢的意義是一致的，對財富的追求是一致的。

2・自己為自己打工

誰能想到，資產達310億美元，且聞名於世的惠普公司，當年是以538美元，在一間車庫起家的呢？

一九三八年，兩位史丹福大學的畢業生惠爾特和普克德，在尋找工作的過程中，看到求助他人謀生的艱辛，看到許多人因找不到工作而走投無路的窘態，忽然悟出了一個人生哲理：與其去找工作，不如自己開創一番事業，為別人創造工作的機會。

於是，他倆擺脫了受雇於人的思想，決定合夥開創自己的事業，兩人湊了538美元，在加州租了一間車庫，辦起了公司，公司以兩人姓的第一個字母合為名。

剛開始時，迎接他倆的是挫折：研製出的音響調節器推銷不出去，試製出的顯示器無人問津。但兩人毫不氣餒，仍然夜以繼日地研究、改進，四處奔波去推銷，還好，他們研製的檢驗聲音效果振盪器有了幾個買主。到了第二年總算沒有做白工，賺了1563美元。

他們深知，創業固然比受雇於人的名聲響、氣魄大，但付出的辛勞、代價更大，也更多。他們一日又一日，一年又一年，挖空心思，苦心研製，試驗推銷……終於使惠普公司變成了美國電子元件和檢測儀器的大供應商。這對黃金搭檔也有了分工：惠爾特專心於新技術的研究發明，至今惠爾特仍活躍於科技領域；普克德擔當起了企業管理的重任。

創業的可貴，在於永不停步，永遠進取。二十世紀70年代初，普克德一眼就看中了當時還處在幼年時期的微電子工業，認為微電子是工業的未來。於是普克德決定在「矽谷」創業，以微電子工業作為惠普的發展方向，一九七二年，惠普研製出世界上第一台手持計算器，後來，這成了微電腦的重要組成部分。一九八四年，惠普又研製出鐳射噴墨印表機。時至今日，惠普在電子電腦硬體技術方面仍是全世界微電子工業最重要的電子元器件、配套設備供應商之一。

「與其去找工作，不如自己創業」，正是這種宏大的人生座右銘，賦予了他們非凡的智慧、非凡的毅力、非凡的苦幹精神，從而也形成了他們傲視一切困難、不懼任何風險的品格。然而，造就他們成功的另一條件是他們所具有的財商，如果沒有高財商，他們就不會有魄力去自己創業，更不會在事業中積累和創造財富。

年輕人，當你決定自己為自己打工後，需要進一步了解自己將要如何投入。

為自己打工和為別人打工有很大的不同。個人創業時，你不得不始終保持頭腦靈活，並需要不斷地製造賣得出去的東西，熟悉財務上的周轉金，能夠做到節約，與人很好的相處。

如果只是受雇於人，你可以有時間與同事們聊聊工作以外的事情。而在個人企業中，你必須不斷地從事生產才能有收入。

受雇於別人的公司，薪水會有保障；而在個人企業中，即使你已經開始賺錢，也不能確定什麼時候能有收入。你需要財務上的周轉資金，而且必須存款以防帳款過期未入。

受雇時，你可以毫無節制地使用文具用品，因為你沒有必要考慮其來源問題；而在個人企業中，你將懂得節省開支，注意省錢，小心地使用各種設備，以防出現故障。一旦出現故障，你必須耐心等待修理人員修好。這時你將明白「不當家不知柴米貴」的道理，因為現在是你花自己的錢。

當你是個雇員時，如果還沒有想到下一步要做什麼，老闆會立刻告訴你。而在個人企業中，你必須每時每刻有著新的計策，絕不能有絲毫惰性。

在你創立個人企業之前，與工薪時期作個比較，就會明白許多道理。個人企業創立開始就相當艱辛，你要努力地工作，在你尚未踏入這個領域之前，請先做好充分的心理準備，在個人企業裏你要的是什麼樣的生活？

——**安全感**。無論是在開始創業時，還是開始投資時，很多人都會誠惶誠恐。有些人會因缺乏準備、資金、精力以及對生意的敏感度而使企業以失敗告終。個人企業就像是賭博，其賭注大小因個人情況而有所不同，因此，在下注之前，必須有所準備，尤其在開始時不要太過樂觀，這樣結果真的虧了，心理上也能承受。

——**地位**　如果你有一輛公司配車，人們總是把你想得比擁有一輛私人轎車的人更重要，而經營個人企業時很少有這樣的地位。

——**財富**　許多人經營企業相當成功，且賺了很多錢，但是也有一些人賺錢極為有限。為了生活得相當有水準，你必須不斷地工作。任何有品質的生活背後總是艱辛的勞動。

——**家庭**　無論你是在家賺錢還是在外賺錢，都應與家裏的人更為接近。但實際上，你不可能真正地與家人有更多的時間相處交流，你必須用比一般人更多的時間來經營你的企業。尤其在剛創立個人企業時，你會把大量的時間投入到工作中，以儘快創造財富。

——**休假**　你可以休假，但休假越多就意味著收入越少。當你還屬於工薪階層時，即使是放假日，你仍然有薪水；而在自己的個人企業中卻沒有。一旦你創立自己的企業後，就會明白自己根本沒有休假的機會，你必須盡心盡力地為自己的企業不停地工作。

3．一有「閒錢」便投資

富人只要手中有了一些積蓄，就會拿出一部分所謂的「閒錢」來進行投資。不要小看投資的意義，投資能讓你在40歲時成功創富。隨著年歲的漸長，無論是體力還是精力，我們都

無法和那些初涉社會的年輕人抗衡了，這時候我們擁有的只是時間贈與的經驗，但這就已經足夠了，經驗和適當的聰明，你就可以通過投資而獲取收益了。

吉姆・羅傑斯告訴投資，適當的投資能夠躲開風險，從而致富。投資並不是把錢從銀行取出來，再投到別的方面那麼簡單，需要智慧，需要抓住時機。

如果你現在的資產中有部分閒錢，而你又發現有支很有潛力的股票，那麼你應該考慮抽出一部分閒錢來進行投資。一方面，這份投資不會妨礙你的正常生活；另一方面，掌握好股票動態，股票很可能給你帶來可觀的收益的，何樂而不為呢？

如今，全世界的人致富有三條途徑：一是打工，二是創業，三是投資。

這三條途徑需要不同的實現條件——如果你現在一窮二白，那麼打工是你必然的選擇；如果你現在小有積蓄，同時又富有機靈的頭腦，那麼創業則是很有一番前途的路；如果你現在已經創業成功，而你也有了寬裕的「閒錢」，那麼投資則是你一定要關注的方面，像股票、房地產、基金、國債等都不失為一些好的投資方向。

世界各國的富人都有自己獨特投資風格，尤其是美國和歐洲一些國家。這些國家獨特的投資風格培養出了很多世界頂級的投資大師。像索羅斯、彼得・林奇、巴菲特等都是受到他們國家投資風格的影響，從而走上投資道路的。

爽快的美國人喜歡直接投資，最不喜歡儲蓄。據統計，美國的儲蓄率一直在零增長上徘徊，那麼美國人的錢都消費掉了嗎？當然不是，美國人雖然很喜歡旅遊、提前消費等，但是他們除享受外，還喜歡高收益的投資活動。在資本主義經濟觀念的影響下，金錢的重要性已經在美國人的心中根深柢固，他們喜歡追逐金錢，喜歡冒險，喜歡風險大的投資。

美國投資天才沃倫・巴菲特從小就極具投資意識：5歲時就在家中擺地攤兜售口香糖；稍大後他帶領小夥伴到球場撿大款用過的高爾夫球，然後轉手倒賣；中學時，他除利用課餘做報童外，還與夥伴合夥將彈子球遊戲機出租給理髮店老闆們，賺取外快；他11歲時就進入股海，購買了人生的第一張股票。

一九四九年，巴菲特轉入哥倫比亞大學的金融系，拜師於著名投資學理論學家本傑明・格雷厄姆。在本傑明・格雷厄姆的指導下，巴菲特如魚得水。格雷厄姆教授給巴菲特豐富的知識和訣竅，富有投資天分的巴菲特也成為格雷厄姆的得意門生。

一九六二年，巴菲特與合夥人創辦的公司資本達到了720萬美元，其中有100萬美元是屬於巴菲特個人的。一九六六年春，美國股市牛氣沖天，儘管巴菲特的股票都在飛漲，但他發現很難再找到符合他的標準的廉價股票了。巴菲特認為股票的價格應建立在企業業績成長而不是投機的基礎之上，所以當很多投機家都獲得橫財的時候，巴菲特卻不為所動。

一九六八年，巴菲特公司的股票取得了它歷史上最好的成績：增長了59%，其資金上升至1.04億美元，其中屬於巴菲特的有二千五百萬美元。

一九六八年5月，股市一片凱歌，巴菲特卻清算了他與合夥人公司的全部股票，宣告隱退。隨後不到一年，股市大跌。持續的通貨膨脹和低增長使美國經濟進入了「滯脹」時期，美國股市沒有一絲生氣。

這時候，巴菲特重新回到了股市，他為發現了眾多的便宜股票而欣喜若狂。一九七二年，巴菲特發現了報刊業的發展前景，他暗自在股市上購買《波士頓環球》和《華盛頓郵報》的股份。因為他的介入，《華盛頓郵報》利潤大增，每年平均增長35%。10年之後，巴菲特投入的一千萬美元升值為2億美元。

一九八〇年，他投入了1.2億美元，以每股10.96美元的價格，買進可口可樂7%的股份。一九八五年以後，可口可樂改變了經營策略，大量資金投入飲料生產，其股票價格已漲至51.5美元，翻了近5倍。

一九九二年年中，巴菲特以每股74美元購下435萬股美國高技術國防工業公司——通用動力公司的股票，到年底股價上升到113美元。巴菲特在半年前擁有的32190萬美元的股票已值49155萬美元了。

一九九四年年底，已發展成擁有230億美元的伯克希爾工業王國早已不再是一家紡紗廠，而變成了巴菲特龐大的投資金融集團。據統計，從一九六五年到一九九四年，巴菲特的股票平均每年增值26.77%。

二〇〇七年3月，股神沃倫・巴菲特旗下的投資旗艦公司——伯克希爾公司公布了二〇〇六財政年度的業績。資料顯示：公司主營的保險業務獲利頗豐，伯克希爾公司二〇〇六年利潤增長了29.2%，盈利達110.2億美元；每股盈利7144美元。

巴菲特被經濟界稱為最偉大的投資家，他依靠股票、外匯成為世界上位於前列的富翁。巴菲特的投資經驗可歸納為三條：第一，把股票看成許多微型的商業單元；第二，從市場波動中把握資訊，抓住投資的機會；第三，量力而行，不盲目跟風，購買股票的價格要在你的承受範圍內。投資不是投機，不要抱有僥倖心理，要根據市場訊息選擇適合自己的投資方向，這樣才能贏得收益。

「美式投資大師」秉持如下的投資理念——

第一，如果你準備投資，就要拋棄「過度享樂」的思想　掙錢確實是和消費掛鉤的，可是如果全部用來享受，而不進行一些辛苦的投資活動，那麼金錢早晚都會花盡的，以後怎麼辦呢？所以要想持續地消費，就必須得花心思進行投資活動。

第二，冷靜面對「熱股」，不要頭腦發熱，人云亦云　真理有時是掌握在少數人的手中，當大部分人都瘋狂購買所謂的「熱股」時，那麼不要再跟著去投資了，因為下一步的趨勢就是變冷。很多人喜歡盲目地跟風隨大流，因此導致了投資失敗。要想在投資行業取得成功，必須先把基本功練好，學會利用市場訊息去買進或者賣出，而不是隨「風向而動」。

第三，投資切記莫貪　貪心往往讓人迷失心智，從而看不清真實的市場情景。錢自然是越多越好，然而在掙錢的過程中，一定要有自己的立場，不能被貪心左右本該清醒的頭腦，該拋就拋，該買就買，不要在猶豫中喪失良機。

第四，學會合作　投資不僅僅是個人的事情，有時候或許牽動著一個小集體的共同利益，所以不要妄想自己一個人就能掌握投資大浪，必須有合作意識，眾志成城。有時候很多人的意志或許能扭轉事態，創造奇蹟。

第五，向投資大師學習　一個剛走入投資圈的人，無論知識還是經驗都是少得可憐的，如果你單憑勇氣而闖入，只能是傷痕累累，甚至連命都沒有了。所以在投資過程中向那些投資大師學習是必要的，當然我們不是提倡完全效仿，我們強調的是學習，而不是照本宣科。生搬硬套是不科學的。通過投資大師的推薦或培訓，你或許能夠找到一條通往財富的最近的道路。

第六，投資的時間要儘量拉長　很多人或許對於投資有這樣的誤區：認為投資就是見效快、收益大的一條財富通路，於是他們投入錢，恨不得當天就有好幾倍的收益。當日子一長，而他們的投資沒有回報時，便開始埋怨，開始懷疑，認為自己被矇騙了。這是非常可笑的。投資本來就是一個長期見效的過程，很多人或許因為運氣好，所以短時間就收到了巨大的收益，不過這僅僅是一個偶然現象。從大部分投資大師的發家之路看到，那是一個長期的、曲折的過程，要穩住心態，把投資的時間拉長，才能得到投資的收益。

相對爽快的美國人，歐洲人則顯出更多的穩重。歐洲投資大師的代表喬治・索羅斯就一直強調穩健的投資風格。歐洲理財風格首先體現在喜好儲蓄上。據統計，歐洲很多家庭都使用人壽保險、住房儲蓄計畫及大眾儲蓄計畫等存款形式。如果需要取錢，他們首先會精明地計算利率，根據利率差異決定取款順序。

歐洲人炒股，每年進出交易的股票價值，一般控制在1.5萬歐元以內。因為根據稅法，超出的盈利部分要按比例抽稅。在緊急缺錢時，他們不會輕易地去把投資抽回來，而是把值錢的家當送去政府的「市貸部」典當，這樣就可以過關了。

歐洲人消費比起美國人要收斂和理性得多，他們如果想外出旅遊，不會頭腦一熱，立刻收拾東西就走人；相反，他們會著手計畫一番：首先他們要挑選合適的旅遊時機，他們會躲開黃金週，因為旅遊旺季的消費會比旅遊淡季要貴出一倍多，無論是車費還是門票都可以大大節省一筆，節省下來的錢他們可以再來進行一些小投資。

「歐式投資大師」告訴我們的投資小竅門——

第一，不管有錢沒錢都要學會理財，這是投資的基礎；正確理財才能留出一些錢用來

「投資」——要想實現科學理財，首先是學習一下金融理財的相關知識，然後通過一些實際的理財活動總結經驗，這樣不但可以讓你的消費更加科學，減少鋪張和浪費現象，而且還能大大減少你的負債金額。

第二，投資要結合政治、經濟走向來決定，不要自以為是，盲目投資——眾多成功的投資經驗告訴投資者——關注國家的政治、經濟政策，可以有助於制定優良的投資策略。比如國家在利率、稅收等方面作出的調整，或對某一產業實行的優惠政策等都會對個人理財、投資帶來直接或間接的影響。運用資訊進行投資，是能實現投資收益的前提和保障。

歐洲著名的投資大師維克多・司佩曾靠玩撲克牌掙生活費，據說為了更好地處理撲克牌，他把能夠找到的每一本有關撲克的書都讀了一遍，很快就了解到一個道理：玩牌要抓住成功的機會，記住每種重要的牌型組合的可能性，對自已有利時就下大注，對自己不利時要學會放棄。這個道理對於他以後的投資業有著深刻的啟示。

維克多・司佩最出名的一次預測是一九八七年9月巴倫的投資諮詢報告，稱股市已達到一個大頂部，這時正是股市大崩盤之前一個月。

他指出：股市達到一九八七年8月高點時，已在96天內上漲了近23%，該數字正好接近歷史上的漲幅和牛市的中級波動。8月份，道瓊工業指數創新高，但漲跌股數之比卻出現了背離現象。這時本益比已達到25年來的最高點，政府債券公司和個人消費債務都達到創紀錄的程度。一切指標也都顯示出股市即將崩潰的警戒訊號。

後來，國務卿貝克與德意志聯邦共和國產生了紛爭，德意志聯邦共和國拒絕與之合作，於是貝克宣布美國準備讓美元下滑，這就觸發了股市大崩盤，這時所有投資者都想把以美元標價的證券拋出去，但是為時已晚。然而，維克多‧司佩早就料到美元的貶值將會使股市走向崩潰，所以他通過成功預測又賺了一筆。

維克多‧司佩認為，從事投資事業，需要有極度投入的獻身精神和強烈的進取心，但這並不等於要沒日沒夜地做交易，還要花一些時間與家人在一起，做一些自己感興趣的事，也就是說要正確地看待投資行為，不能盲目地跟風。

4．用理性貫穿理財始末

美國著名經濟學家、麻省理工學院教授薩繆爾森，有一次和同事打賭扔硬幣，如果出現他選擇的一面，他就贏一千美元，如果不是他所選擇的那一面，他就付給同事二千美元。

聽起來，這是一個對同事有利的打賭安排。因為，如果同事出資一千美元，就有50%的可能贏得二千美元，當然也有50%的可能將一千美元輸掉，但其預期收益是500美元〔50%×2000＋50%×（－1000）〕。

但同事拒絕了：「我不會和你打賭，因為我覺得一千美元的損失比二千美元的收益對我來說重要得多。但是如果說賭100次的話，我願意。」換句話說，他同事的觀點可更準確地表達為：「一次不足以出現我所需要的平均定律的結果，但100次就可以了。」

在一個標準的扔硬幣實驗中，扔10次、100次和1000次得到正面的比例都是約50％，但扔1000次得到正面的比例比扔10次更接近50％，這就是平均定律。也就是說，重複多次這種相互獨立且互不相關（下一次的結果與上一次結果無關）的打賭，同事的風險被控制住了，他將能穩定地獲得這種「制度安排」的好處。

其實，同事更聰明的回答應該是：「讓我們賭1000次，每次你用2美元賭我的1美元。」這時他的資產組合風險就被固定了，而且他的初始資金需要得很少，最多只要500美元（假定他在前500次都不走運，當然這是不可能的）。這樣，他等於是將500美元分散到1000個相同且相互獨立的賭次中了，這個資產組合的風險將接近於零。

從這個故事中，我們看到了什麼呢？我們看到了投資的理性，這也就是投資與賭博的區別：投資是經過「審慎計算」的賭博。對於富人來說，收益的取得和風險的控制對於自身效用來說是同樣重要的。而邊際效用遞減規律對金錢這一物品似乎並不適用——錢通常是越多越好。

古語道：君子愛財，取之有道，散之有方。其中暗合了投資理性和消費理性之義，也揭示了富人的理財之道。

那麼，什麼是理性投資呢？在經濟學中，理性是指人們具有最大化自身效用的特性。在投資領域，投資者通常被分為三種類型，即風險厭惡者、風險中性者和風險愛好者。對第一種人來說，投資理性表現為：如果不存在超額收益和風險溢價，他是不願意投資於有風險的證券的；第二種人則只是按期望收益率來決定是否進行風險投資，風險的高低與風險中性者無關；而第三種人則把風險的「樂趣」考慮在了自身效用中，即所謂「玩的就是心跳！」

經驗資料表明，大部分富人都是風險厭惡者，儘管他們的風險厭惡程度各不相同。富人的理性投資通常表現為：收益增加自身效用，而風險會減少效用，多承擔一分風險，就需要多一分收益來補償，風險和收益要保持一定的平衡關係。

再說消費理性。從理論上說，個人消費的最大優點在於：所有消費品（包括閒暇）對特定消費者來說邊際效用相等。假定在麵包和牛奶之間選擇，則麵包吃得太多，會導致麵包的邊際效用減少（甚至會感覺厭惡），則應該減少麵包的消費，而增加牛奶的消費，直到兩者的邊際效用相等。但在實際生活中，效用只是個人感受，受個人偏好影響，很難比較，更無法測度，從而消費理性是較難實現的。

與消費理性相關，一個有意思的問題是：邊際效用遞減規律是否對所有物品都適用？對麵包和牛奶來說，顯然是適用的。但對金錢呢？好像未必。常見越有錢的人，對金錢的渴望越強烈，正像人們通常所說的：越有錢便越吝嗇，越吝嗇便越有錢！

有一次，巴菲特和比爾・蓋茲同遊，巴菲特讓後者在外面買半打百事可樂給他，因為賓館裏的價錢是外面的2倍。後者對他的消費觀念完全認同，欣然從命。這是他們的理性消費，即每一個硬幣都要得到最佳使用。在另一個極端，我們則可以看到許多「窮大方」行為，越是沒錢，越要擺闊，錢花得越是容易。因此，似乎與一般的消費品不同，金錢的邊際效用非負（錢越多越好），且不一定遞減。

消費理性還與理論上關於「選擇的完備性假設」有關。根據該假設，若有物品A和B，則要麼人們認為A比B好，要麼是B比A好，要麼是一樣好，而不可能有第四種情況。若你選擇了對你來說比較好的，那麼消費就是理性的。

但經濟學家阿馬蒂亞・森在其著作中引述了一個「布里丹之驢」的故事，對「完備性」假設提出了質疑。

故事是說：布里丹有頭驢，面對兩堆草，因為無法選擇哪堆更好，最後餓死了。顯然它並不認為A比B好，也不認為B比A好，也不認為兩堆一樣好，從而吃任何一堆都無所謂！那麼它是怎麼認為的呢？也許它認為兩堆都不好，而它想要的卻沒有出現。

因此，只存在相對的理性而不存在絕對的理性，富人做的事情，便是通過相對的理性挖掘到絕對的財富。

5．於平常處聽商機

對於常人聽來可能平淡無奇的話，在索羅斯聽起來，可能就是重要的買進或賣出的信號。各國重要領導，甚至重要的地方官員、商界大腕的談話，往往都會有很重要的含義在裏面，聰明的投資者總能聽懂其中的含義，從而作出正確的預測。

一九九二年，德國央行史萊辛閣的演說中提到：如果投資人認為歐元是一籃子固定貨幣的話，那就錯得離譜了。當年總統為了經濟問題，一再提高馬克的利率，使得馬克變成強勢貨幣，而為了維持匯率的穩定，德國及義大利不得不跟進，但是英國及義大利的經濟情況不理想，因此在苦撐匯率之時，對德國抱怨連連。

索羅斯聽完史萊辛閣的演講之後，確定其中必有他意，有可能是在影射義大利的里拉。後來索羅斯與史萊辛閣交談時問對方，對歐元作為貨幣有什麼看法。得到的回答是，史萊辛閣喜歡歐元的構想，但是對歐元的叫法不太喜歡，如果同一名稱叫馬克的話，他才會比較容易接受。

索羅斯聽出了他的弦外之音於是立刻放空義大利里拉，這讓他大賺了3億美元；隨後索羅斯借了一大筆英鎊，然後改換成馬克，又賺了10億美元。

索羅斯的反應說明他有一種能解讀話語弦外之音的高超本領。

有的投資者總是抱著一種「事不關股，高高掛起」的態度。索羅斯則剛好相反，他關注通過報紙、電視、廣播獲取的消息甚至口耳相傳的小道消息，淋漓盡致地發揮他敏銳的解讀能力。

一九七二年，一個偶然的機會，索羅斯聽說銀行要宴請證券分析師，這可是一件新鮮事。雖然索羅斯沒有被邀請，但他卻敏銳地感覺到要有不尋常的事情發生。接下來，他以最快的速度買進經營體質較佳的銀行股，果然索羅斯通過買進的股票獲利五成。當時他解讀到的弦外音是：銀行業可能要公布利多消息。

某省曾有一個小型印染廠，開始時由於經營不力、產品陳舊等原因，經營情況一直都很差，但一次，其企業負責人由於公事出差。

在出差的旅途中，他發現無論坐火車，還是坐汽車，人都特別多，一種職業的敏感使他和這些旅客聊了起來，通過談話，他逐步認識到這些人都是出外旅遊的，而且從談話中他還了解到這些旅客外出旅遊多有一些不便之處。

這些話題都一一縈繞在他頭腦之中，通過認真地決策和分析，認識到旅遊服務專案將是非常具有潛力的，於是他回到廠子之後，大膽地向旅遊服務行業進軍，大力開發旅遊製品，並引進一些先進的技術和設備。果然，其產品推出市場之後，很快被搶購一空，獲得了極大的成功，該廠的經營狀況迅速扭轉。

在市場之中這樣的機會很多，它關鍵需要每一位有志致富的都做一位有心人，這樣才能抓住機會，把握機會，並把具體的機會轉化成為非常實際的利潤。

6・節儉才是王道

湯瑪斯・斯坦雷和威廉・丹科都是擁有博士頭銜的市場調查問題專家。經過20多年的研究，他們最近出版了一本產生轟動效應的暢銷書——《百萬富翁距你不遠》。這本書在出版後數10週內一直排在《紐約時報》和《商業週刊》等暢銷書排行榜的前列。該書所描寫的當代百萬富翁的一般形象，與我們在大多數媒體中所見到的以及我們所想像的大為不同。這些富翁多半生活儉樸，和常人沒有什麼兩樣，只是他們在致富的過程中注意到了一些常人忽視了的東西，以該書的主要作者斯坦雷為例，他就屬於這樣一類的新時代的百萬富翁。儘管這本暢銷書的平裝本的版權費就為他創造了100多萬美元的財富，但是這位百萬富翁仍然居住在他那個一九八二年建造的四居室的房屋裏，過著十分儉樸的生活。

以下是斯坦雷在接受《美國新聞與世界報導》週刊採訪時，就美國百萬富翁的成功之道所發表的精彩言論。

問：百萬富翁是怎樣走上致富之道的呢？

答：收入完全不同於財富。對此，我們必須理解，當今的富豪們大多數收入豐厚，但是更重要的是他們注意積斂財富，杜絕隨意揮霍。他們中的多數生活在他們所能夠承受的生活水準之下。我們調查過的百萬富豪的年平均收入為13萬多美元，可是絕大部分每年花費都不超過10萬美元。在美國，百萬富豪的年平均花費在6萬～10萬美元之間。

問：百萬富豪的一般生活方式是怎樣的呢？

答：常人也許難以置信，許多百萬富豪的生活非常儉樸，甚至比普通家庭更儉樸。我認識的一個富豪，其家產在二千五百萬美元以上，他從來沒有買過一輛新車。他們有4個孩子，但他們只有一套三居室的住房。他的兩個兒子睡的是上下鋪，而他自己則駕駛著一輛有5年歷史的VOLVO車。這對於一般的美國人來說都是不可想像的。我認識的另一位富豪是一個50歲開外的醫生。自從醫學院畢業以來，他總共才駕駛過兩輛車，他的第一輛車行駛了近30萬公里，然後他才買了第二輛二手車。還有一位富豪從來沒有在外面吃過飯，他的妻子為他準備午餐，他自己用一個牛皮紙袋將其帶到公司裏去吃。30年過去了，這種節儉的生活為他省下了不少的錢。

問：節儉的生活方式真的就那麼有意義嗎？

答：節儉的財務計畫絕對不是沒有意義的。我們研究過的那些富豪們可以在無任何收入的情況下平均維持其生活16年。有一個售賣和租賃建築設備的富豪告訴我，當他看到那些與他談生意的主管們時，他想像的是這些主管們的孩子要被人綁架，他們甚至拿不出1萬美元去贖回自己的孩子，可見那些人的財務狀況是何等的糟糕。這兒還有另外一個故事告訴我們財務計畫具有何等的重要性。我曾經與一個非百萬富豪的人交談過。他，年紀在50歲左右，是一個大型公司的中層管理者，耶誕節前的一個星期被告知，他要在耶誕節的頭一天到丹佛市的分公司報到。他如果有足夠的儲蓄，就可以拒絕這種不愉快的安排，因為他有三個孩子，現在都在同一所學校讀書，他的太太更是喜愛他們所生活的社區，但是因為積蓄有限，他們的存款僅僅只有3個月的工資，最後不得不搬家去了他們全家都不願意去的地方。而真正的百萬富翁是絕對不會出現這種情況的。

問：妨礙財富積累的最大天敵是什麼？

答：在不必要的開支上浪費，比如在衣物、外出就餐等無實用價值的方面上花費過多。

如果你是一名醫生、律師、會計師或工商管理碩士畢業者，你總會覺得自己理當生活在一定水準之上——有一個與你身分相符的居住環境，有一輛價值不菲的轎車等。我們就曾經拜訪過這樣的一位人物，他擁有許多套價值在二千美元以上的西裝。我私下問我自己，在他走出服裝店之後這些每套二千美元的西裝還值多少錢呢？我認識一個年輕的股票經紀人，他年收入為8萬美元，他想買一幢豪華的別墅，我看過他的帳單，他要購買的東西的價值正好是在

銀行能夠貸款給他的最大限額邊緣。我向他談起了我認識的另一對職業夫婦，他們的年收入也在8萬美元之上。但是，他們卻乘巴士去公司，視加班工作為家常便飯。是不是有了一個經紀人的職業和一個工商管理碩士的學歷，就意味著必須享受奢華的生活呢？其實不是的。美國半數以上的百萬富豪住在中產階級、藍領階層集中的地方或鄉村地區，就像我們曾經採訪過的一個富豪那樣，當我們走進他家時，我們沒能從他的衣櫥裏找到一套西裝，這讓我們感到無比的驚訝。他穿著一條破舊的牛仔褲，駕駛著一輛10年以上的二手車，而他的一些高中同學，現在卻住著豪宅、駕著豪華車、送孩子上私立學校，對此這位先生告訴我們，他的這些同學並沒有積存什麼財富，他用了這樣一句話形容他們：「有名無實」。

真正的富翁們大多是非常節儉的，正好與那些大手大腳亂花錢卻沒有多少積蓄的人形成有趣的對比。如果你不信，不妨看看如下一篇新聞報導。

美國百萬富翁家庭七成給鞋子換過底

大多數人在聽到許多百萬富翁會採用以下方式提高其家庭的經濟效益時會很吃驚：翻新家具而不是購置新的；更換更便宜的長途電話公司；從不通過電視台購物；將鞋子換底或修補；購買雜貨時使用優惠券；購買散裝的家庭用品。

今天，美國有2/3以上的消費者是衝動型消費者。他沒有攜帶購物單或者只帶一張短短的購物單就出現在一家超級市場。他們沒有計劃，在商場中四處閒逛。

超市購物先畫好示意圖

那麼，在一家食品店中購買東西的最佳方式是什麼呢？在我見過的百萬富翁夫婦中，有一對夫婦做得最好。他們把經常要光顧的兩家食品店的內景畫成地圖，並標上每一類商品的名稱和位置。這種地圖將作為每週的購物單和導購圖。如果在某一週他們的某項物品用完了，他們就會在地圖上將這一項畫上圈。

這聽起來好像需要大量的工作，實際並非如此。他們有自己的看法。假如你沒有購物計畫，那麼你每週將在食品店裏花更多時間，那就是你沒有提前做好計畫的緣故。如果每週估用30分鐘，在成年人的一生中，這將會是6.24萬～7.8萬分鐘，或1040～1300小時。

剛剛有個安裝工給你安裝了新的熱水器，他在每小時工作時間中所賺的錢比你賺得多——雇請他而不自己幹是不是一個錯誤？你或許認為是，我所訪問過的百萬富翁又是如何認為的呢？

百萬富翁和那些將來可能成為富翁的人對「首次成本」這個概念並不敏感，他們只是對「動態週期成本」很敏感。首次成本是指如果你自己安裝熱水器而不是請一個熟練的安裝工所節省下來的成本。在這個過程中，你可能會節省150美元，但在隨後的使用過

程中，由安裝工安裝的熱水器的運作成本，可能會比你自己安裝的熱水器節省150美元以上的錢，因為他們更有經驗，技術更好。

雖然安裝工在每小時中索要的價格高於你每小時工作的報酬，通過自己安裝，你能夠節省一些錢。但是，你有沒有考慮到動態週期的差異。如果你決定親自安裝熱水器，這得花費多少時間和精力？你本可以將這些時間和精力，用在提升你的專業或者研究投資上。

所以，節儉並非就是事事自己動手。《韋伯斯特英語大辭典》將「節儉」定義為「以資源使用的經濟性為特徵，或者是反映了資源使用的經濟性。」這裏的關鍵字是資源，不只是首次成本所花費的錢或美元資產，而是整個動態週期中的資源耗費。

在美國，這些有錢人會不會討厭回收利用，討厭給鞋子換底？我對美國百萬富翁的調查結果與此假設相反：在所調查的百萬富翁中，有70％的人給鞋子換過底。

鞋子耐穿比便宜更重要

在購買鞋子的時候，大部分百萬富翁對首次成本也就是鞋子的最初價格不怎麼敏感，對品質更為關心。這些對品質很敏感的人是根據使用期成本定義品質的。一位百萬富翁說：「我的『愛爾頓』平底鞋已經穿了10多年，已經換過兩次底了。算算它的動態週期成本。這雙鞋我買的時候花了100美元，給它們換過兩次底，每次花費50美元。在我有了『愛爾頓』鞋的10年中，我大約穿了一千六百天。

從我口袋裏出去的成本是200美元，加上鞋值20美元，總成本為220美元。將220美元在一千六百天中分攤，每天所需要的成本不到14美分。

讓我來告訴你我10多歲的兒子在鞋子上的花費是多少吧。他每年穿破大概6雙『耐吉』或『阿迪達斯』。他每雙鞋子的壽命大約在80～100天之間。每雙鞋子的成本在65～85美元之間。」

——來源：《科學投資》

7．量入為出，消費適可而止

甘迺迪家族是在政治上的名門望族，但這種政治上的成功是以雄厚的經濟條件為基礎的。他們從愛爾蘭移居到美國的時候還是一貧如洗，但是僅僅經過幾代人的努力，就成為美國有名的富裕家庭。他們取得成功的一個很重要的原因，就是善於理財，無論有多少財富，都讓每一分錢花得有根有據。

據說，每個星期老甘迺迪都要給孩子們平均數量的零用錢。孩子們可以在這個範圍內自

由支配。如果想要買自己喜歡的商品，而錢又不夠，他們也不能向家裏要，而只能通過幾星期的節約積累，攢夠需要的數目。通過這種方式，老甘迺迪向孩子們灌輸了這樣一種思想：要珍惜每一分錢，學會花每一分錢。

到了週末，老甘迺迪還會召開一個家庭會議，在這個會議上，孩子們要彙報自己都把錢花在了哪裡。花錢隨意、消費毫無計畫的孩子會被減少下週的零用錢，而那些花錢有計劃、甚至還有剩餘的孩子則會獲得金錢上的獎勵。

甘迺迪家族給我們作出了榜樣：無論擁有多少錢，都應該量入為出，不浪費一分錢，這樣不僅不是小氣的表現，反而是一種智慧的體現。

量入為出是一種智慧，也是一種美德。不管你有多少金錢，如果沒有止境，沒有限度地揮霍，即使是坐擁金山，早晚也會變成窮光蛋的。量入為出，不是讓你降低你的生活品質，而是合理地花錢，該花錢的時候才花，不該花錢的時候即使一分錢也不會浪費。每一次花費不僅僅要看錢的多少，還要看這錢花得值得不值得，更要評估自己的經濟實力，不要打腫臉充胖子，做一個冤大頭。

國內理財師張智博在評價富人和窮人的不同時，如此說道：站在專業理財師的立場上，富人並不見得有錢，反而是那種能夠做到量入為出，對自己的經濟狀況非常清晰，因此能夠理智地滿足自己需求的人比較有錢。從專業技術的角度上衡量，一是不放下工作，看你現在擁有的財富能維持現在的生活多久，能過多久你所期望的生活；二是倘若沒有了當前的工作，用剩下的財富能維持現在的生活多久，能過多久你所期望的生活。如果財富能維繫人生的整個過程，能對社會承擔整個責任才算是有錢人；而那種還沒有擺脫工作的束縛，雖然收入高、消費也高的人，僅僅是處於財富自主階段。他們的未來有兩種：一是如果他們能夠把握好自己的經濟尺度，做好支出計畫，不隨意地鋪張浪費，而是進行合理的投資和儲蓄，那麼他們即使沒有了工作，依然可以擁有舒適的生活，從而達到富人的生活水準；二是如果他們沒有認識到量入為出的重要性，因為好面子或沒有正確的理財觀，而花錢不分輕重，那麼他們永遠是「月光族」，是成為不了富人的。

著名的歐曼理財觀告訴我們，量入為出才能構造出穩健的經濟結構，在支出消費時一定要提前衡量自己的經濟能力，做到收支平衡。不能因為外界的某些刺激而一時頭腦發熱，作出不明智的無謂支出。就拿買炒得很熱的房產來說，如果你的手頭沒有足夠的可以應急的錢，那麼就不要追逐「房熱」的潮流，為了一個虛無的、還沒有建成的房子而搞得自己月月出現經濟赤字是愚蠢的。

做到量入為出，就要先弄明白錢究竟應該怎麼花。俗話說花錢花在刀刃上，再多的錢也是一分一分組成的，不能因為一分錢面值小而無視它的價值；也不能因為百元面值大而成為被宰的冤大頭。

學會如何花錢才是理財者最重要的一項本領。看那些會賺錢的成功者，也是最會花錢的人。量入為出，精打細算，不鋪張浪費，才是真正明智的有錢人的特點。

真正的富人把錢看成一種賺錢的工具，他們能夠凌駕於金錢之上，他們清楚自己的資金的來源和用途，對於每分錢的去處或許都有一個清楚的了解。他們會說，「沒錯，我是很有錢，可是對於我而言，花錢也是需要動腦了的。我不會買那些奢侈、無用的東西，我不會被商家傻傻地宰一頓的。」

而對於窮人，則有兩種：一種是確實沒有錢的，他們在經濟上失敗，很大的原因是他們支大於收，這種收支不平衡直接引發了他們的經濟困境。對他們來說，他們極其好面子，並以自己的經濟困難為恥。他們總是喜歡擺闊，不願意承認他們沒錢的事實。因此在購物時，他們反而不去買與他們的經濟收入相符的廉價產品，而總是去挑相同品質但是金額卻高出了好幾倍的產品。這種擺闊使他們自己打腫臉充胖子：越窮越擺闊，越擺闊就會越窮，最終成為一窮二白的純正窮人。

另一種呢，則是看似有錢的窮人，他們或許因為遺傳的家產、偶然的暴利而有了金錢，可是他們不懂得珍惜，也不懂得如何合理利用，他們肆意地揮霍，成為各大消費領域期待宰割的「大款」。要知道世界上是沒有坐吃不空的金山的，這種浪費早晚會有一天把他的保險箱全部掏空，恐怕到時候連哭都來不及了。

看世界上那些持久的富翁，他們都是生活儉樸、充實、花錢有根有據的聰明人。你以為他們天天穿金戴銀，天天燕窩魚翅嗎？那你就大錯特錯了。其實，他們很多時候看起來都是其貌不揚的，因為他們穿普通的衣服，開平價汽車，也在商場中選購特價商品。

泰勒・巴納姆是在世界上排名前列的富人之一，他也是從身無分文走來的，而如今他有了世界最大的聯合馬戲團，足以說明他的理財觀念是非常正確的。

泰勒・巴納姆對於生活和消費一直持有這樣的觀點：生活舒適就好，花錢恰當就好，不要為鞍買馬，鋪張浪費是要不得的。

所以說，致富的方法中最基礎的一點就是：量入為出。懂得節儉是量入為出的最直接的生活方式。懂得節儉便可以為我們支出欄省出一大片空白。喜新厭舊的生活方式是需要改變的，如果你改變了那些鋪張浪費的不良習慣，你就會逐漸地積累出很多財富。每一分錢都是珍貴的，一分一分地存起來，再加上利息，那麼就如同雪球般越滾越大。如果你對理財和投資又都小有研究，那麼在適當的時機中，這筆小錢可以投資股票，買成基金，換成國債，那麼也許以後這筆小錢就不是小錢了。

佛蘭克林博士說：「是別人的眼光而不是自己的眼光毀了我們。如果世上所有的人除了我都是瞎子，那我就不必關心什麼是漂亮的好衣服，什麼是華麗的家具了。」可見，愛好面子，為了充門面而放棄節儉的美德是非常不可取的。我們是為自己而活的，我們的金錢也是

為了自己而掙的，如果僅僅為了別人的評論而失去理智，大筆揮霍，是多麼愚蠢的行為。

所以說做一個聰明的消費者，首先就要丟掉「為了面子不要裏子」的壞毛病。偏偏很多人都喜歡吹牛，錢沒掙多少，但是卻總是誇大自己的經濟實力。然而，當大家碰巧一起消費的時候，他的困境就出現了。為了證實他曾經誇下的海口，他不得不忍痛拿出大把的銀子去堵住那次吹牛說的話；一次小小的吹牛或許把他好幾個月的生活費全部扔進去，而剩下的幾個月只能靠親人或者借貸生存。所以說，如果你還有「為了面子不要裏子」的愚蠢行為，那麼趕緊把它丟掉，儘早地改正吹牛的壞習慣，你才能儘早地實現量入為出。

看那些成功的投資家，哪一個不是腰纏萬貫，然而，他們卻從來不會去做吹牛或者炫耀的事情，實事求是，有多少就花多少，支人於收是萬萬做不得的！

當然，實現量入為出是個人打理錢財的問題，但是有時候也和你的朋友們有很大的關係。古人說得好，與善人居，如入芝蘭之室，久而不聞其香，則與之化矣；與不善人居，如入鮑魚之肆，久而不聞其臭，亦與之化矣。

所以說小心你的朋友圈，如果他們是那種花錢鋪張浪費、大手大腳的人，那麼儘量在經濟上遠離他們；否則，本來節儉、理智的你，很有可能在不長的時間內就被同化。更可怕的是，當你有錢以後，你會突然發現你的朋友多了，那些無緣無故鑽進你的生活圈的朋友開始熱情地教你如何「享受生活」：他們教你如何識別高級煙酒，他們教你如何跟富人一樣打高爾夫或者保齡球，他們教你如何在夜店中結交漂亮美眉……當然這些都是需要「高額學費」的。你辛辛苦苦掙來的錢就這樣在這些所謂朋友的恭維下慢慢地消失了。因為你是「有錢人」，你也喜歡這樣的稱謂，於是在一次又一次的消費中，自然就成了你這個「有錢人」來買單。你看似風光一時，但卻是一個傻氣十足的冤大頭。

近朱者赤，近墨者黑，趕緊遠離對你有害的朋友與環境，給你的錢作個安排。現在應該是清醒的時候了。

量入為出說起來簡單，做起來還是很有難度的。因為我們都是普通人，都有忍不住想買一些奢侈而又無用的東西的癖好。另外，我們每個人都需要一些娛樂，像旅遊、聚餐、參加一些娛樂活動等，這些或許都在我們預算之外。然而這些內容對於我們的生活也是重要的，我們不能剝奪自己享受生活的權利。所以從這一點來看，享受生活的權利和量入為出似乎是矛盾的。

其實不是，我們講量入為出，不是在講只掙不花，而是根據收入的多少來定支出的限度，使生活過得豐富多彩。你或許覺得享受生活和量入為出是不可能同時擁有的，你要是持此想法，那說明你還是沒有明白如何花錢。學會如何花錢，是量入為出的重要內容，也是你能夠享受生活的前提和保證。如果你把揮霍和浪費當成人生享受的話，那麼你以後的生活恐怕只剩下煉獄般的痛苦了。

8．走吝嗇之路，讓別人說去吧

「緊緊地看住你的錢包，不要讓你的金錢隨意地出去，不要怕別人說你吝嗇。你的錢每花出去一分錢都要有兩分錢的利潤的時候，才可以花出去。」

巨富洛克菲勒是這個信條虔誠的遵守者，節約是貫穿他一生的重要的理財理念。

洛克菲勒早年在一家大石油公司做焊接工，任務是焊接裝石油的巨大油桶。要焊接就會有焊條的鐵渣掉落，他細心地發現他每焊接一個油桶要掉落的鐵渣每次不多不少正好是509滴，他想要焊接那摞得像山一樣高的油桶要浪費多少焊條呀！於是他改進了焊接的工藝和焊接的方法，讓每次滴落的鐵渣正好是508滴。這樣這家大石油公司全年的節約資金是5.7億美元之多！而洛克菲勒本人也因此獲得了一次極佳的晉升機會。

當他有了一些積蓄的時候，他開始自己創業。由於剛開始步入商界時，經營步履維艱，很快就花完了他好不容易積攢的一點錢。於是他冥思苦想怎樣發財，卻苦於沒有方法。一天晚上，他從報紙上看到一則廣告，推銷一種發財祕訣。他為此高興極了，第二天急急忙忙到書店去買了一本相關的書籍。他迫不及待地把買來的書打開一看，只見書內僅有「勤儉」兩字，就再沒有任何內容了，這使他大為失望和生氣。後來，他反覆考慮這個「祕訣」的

「祕」在哪裡？

起初，他認為書店和作者在欺騙他，一本書只有這麼簡單的兩個字，他想指控他們在欺騙讀者。後來，他越想越覺得此書言之有理。確實，要想發財致富，除了勤儉之外，沒有其他辦法。這時，他才恍然大悟。此後，他將每天應用的錢加以節省儲蓄，同時加倍努力工作，千方百計地增加一些收入。這樣堅持了5年，他積存下800美元，然後將這筆錢用於經營煤油。

在經營中他精打細算，千方百計地將開支節省，把盈利中的大部分儲存起來，到一定時間再把它投入石油開發。照此循環發展，如滾雪球一般使其資本越來越多，生意也越做越大。經過30多年的「勤儉」經營，洛克菲勒成為北美最大的三個大財團之一，其財團下屬的石油公司，年營業額可達一千一百多億美元。

努力掙錢是開源，設法省錢是節流。巨大的財富需要努力才能追求得到，同時也需要杜絕漏洞才能積聚。

洛克菲勒成為億萬富翁以後，他的經營管理也是以精於節約為特點的。他給部下的要求是提煉1加侖原油的成本要計算到小數點後的第三位。每天早上他一上班，就要求公司各部門將一份有關成本和利潤的報表送上來。

多年的商業經驗讓他熟稔了經理們報上來的成本開支、銷售，以及損益等各項數字，他常常能從中發現問題，並且以此指標考核每個部門的工作。一八七九年的一天，他質問一個煉油廠的經理：「為什麼你們提煉1加侖原油要花19.8492美元，而東部的一個煉油廠同樣的工作只要19.849美元？」這正如後人對他的評價，洛克菲勒是統計分析、成本會計和單位計價的一名先驅，是今天大企業的「一塊拱頂石」。

到了老年，有一天，他向他的祕書借了5美分，當洛克菲勒給祕書還錢的時候，祕書不好意思要，洛克菲勒當即大怒：「記住，5美分是1美元一年的利息！」由此可見他對於金錢的節儉和計算真是精明。

9．每一分錢都要用在刀口上

富人從來不會讓自己的支出超過自己的收入，如果支出超過收入便會被他們視為不正常的現象，他們認為這樣幾乎就與發財致富絕緣了。

一個偶然的機會，一位賣蛋的生意人向大富商亞凱德諮詢致富的祕訣。

亞凱德笑了笑，向那位自稱很節儉的人問了個問題：「假使你每天早上收進10個蛋放到蛋籃裏，每天晚上你從蛋籃裏取出9個蛋，其結果是如何呢？」

「時間久了，蛋籃就要滿溢啦。」

「這是什麼道理？」

「因為我每天放進的蛋數比取出的蛋數多1個呀。」

「好啦，」亞凱德繼續說，「現在我向你介紹發財的第一個祕訣，你們要照我告訴蛋商的發財祕訣去做。因為你把10塊錢收進錢包裏，但你只取出9塊錢作為費用，這表示你的錢包已經開始膨脹，當你覺得手中錢包重量增加時，你的心中一定有滿足感。」

「不要以為我說得太簡單而嘲笑我，發財祕訣往往都是很簡單。開始，我的錢包也是空的，無法滿足我的發財欲望，不過，當我開始放進10塊錢只取出9塊花用的時候，我的空錢包便開始膨脹。我想，各位如果如法炮製，各位的空錢包自然也會膨脹了。」

「現在讓我來說一個奇妙的發財祕訣，它的道理我也說不清，事實是這樣的：當我的支出不超過全部收入90%時，我就覺得生活過得很不錯，不像以前那樣窮困。不久，覺得賺錢也比往日容易。能保守而且只花費全部收入的一部分的人，就很容易賺得金錢；反過來說，花盡錢包存款的人，他的錢包永遠都是空空的。」

「每次當我把10塊錢放進錢包的時候，我最多只花費9塊。」

有錢人的用錢原則就是這樣，只把錢用在該用的地方，他們認為不該用的地方，是1塊錢也不會花出去的。以崇尚節儉、愛惜錢財著稱的連鎖商店大王克里奇，他的商店遍及全美50個州和國外很多地方，他的資產數以億計，但他的午餐從來都只是花了1美元左右。

克德石油公司老闆波爾・克德有一天去參觀一個展覽，在購票處看到一塊牌子寫著：「5時以後入場半價收費。」克德一看手錶是4時40分，於是他在入口處等了20分鐘後，才購買了一張半價票入場，節省下0.25美元。你可知道，克德公司每年收入上億美元，他所以節省0.25美元，完全是受他節儉的習慣和精神所支配，這也是他成為富豪的原因之一。

猶太著名的船商銀行家出身的斯圖亞特，曾經有一句名言：「在經營中，每節約1分錢，就會使利潤增加1分，節約與利潤是成正比的。」

斯圖亞特努力提高舊船的操作等級以取得更高的租金，並降低燃油和人員的費用。也許是銀行家出身的緣故，他對於控制成本和費用開支特別重視。他一直堅持不讓他的船長耗費公司1分錢，他也不允許管理技術方面工作的負責人直接向船塢支付修理費用，原因是「他們沒有錢財意識」。因此，水手們稱他是一個「十分討厭、吝嗇的人」。

直到他建立了龐大的商業王國，他的這種節約的習慣仍保留著。

一位在他身邊服務多年的高級職員曾經回憶說：「在我為他服務的日子裏，他給我的辦事指示都用手寫的條子傳達。他用來寫這些條子的白紙，都是紙質粗劣的信紙，而且寫一張一行的窄條子，他會把寫的字撕成一張長條子送出，這樣的話，一張信紙大小的白紙也可以寫三、四次『最高指示』。」一張只用了1/5的白紙，不應把其餘部分浪費掉，這就是他「能省則省」的原則。

無獨有偶，台灣經營之神王永慶先生也是個極端節儉的人，聽說他一條毛巾用了十幾年，而餐巾紙每次都只用半張，也許你聽了會笑，不過，你要明白，讓節約成為一種習慣之後，它就變成了一項美德。

10．會賺錢，更會花錢

卡恩站在百貨公司的前面，目不暇接地看著形形色色的商品。他身旁有一位穿戴很體面的紳士，站在那裡抽著雪茄。

卡恩恭恭敬敬地對紳士說：

「您的雪茄很香，好像不便宜吧？」

「2美元一支。」

「好傢伙……您一天抽多少支啊？」

「10支。」

「天哪！您抽多久了？」

「40年前就抽上了。」

「什麼，您仔細算算，要是不抽煙的話，那些錢就足夠買下這幢百貨公司了。」

「那麼說，您不抽煙？」

「我不抽煙。」

「那麼，您買下這幢百貨公司了嗎？」

「沒有。」

「告訴您，這一幢百貨公司就是我的。」

誰也不能說卡恩不聰明，首先因為他賬算得很快，一下子就計算出每支2美元的雪茄每天抽10支，40年下來的錢就可以買一幢百貨公司。第二，他很懂勤儉持家、由小到大積累的道理，並且身體力行，從來沒有抽過2美元一支的雪茄。但誰也不能說卡恩有活的智慧，因為他不抽雪茄也沒有省下可以買百貨公司的錢。卡恩的智慧是死智慧，紳士的智慧才是活智慧，錢是靠錢生出來的，不是靠克扣自己攢下來的。

如果自己擁有了金錢，卻守著它們不鬆動，把它們緊緊地攥在自己的手裏不花，是愚蠢的，更是貧窮的。有錢不能花，不正是窮人的表現嗎？所以一個真正的富人，不光會賺錢，更要會花錢。

學會花錢，也是富人的一個重要特點。世界上最會賺錢的人，無不是最會花錢的人。小氣，並不是諷刺，這是有錢人的看家本領。精打細算，不亂花錢，是大富翁的真正風度。

然而，在我們的生活中，還會發現另外一種現象：越是沒錢的人，越愛裝闊。這似乎是個心理問題，因為大多沒錢的人容易產生抗拒心理，他們內心常在交戰：「難道我只能買這種便宜貨嗎？」自憐便油然而生，更因顧慮到別人的眼光感到不安。

所以當他們面對一件商品時，往往考慮虛榮要比考慮價格的時候多，沒錢的自卑感像魔鬼一樣纏得他們猶豫不決，最終屈服於虛榮，勉強買下自己能力所不能及的東西。於是，社會中有了一種怪現象，越窮的人，越不喜歡廉價品。仔細想想，有時候窮人的虛榮心總比富人強，他們會因為亂花錢而永遠無法存錢。

年輕人往往是最愛虛榮的，一個剛賺了一點錢的小夥子，卻非要去吃高級餐館，進高級酒店。有些只租得起三坪大的小房間居住的年輕人，卻非要傾其所有積蓄買一部汽車。試想，這樣的年輕人又怎能不窮呢？越窮越裝闊，越裝闊越窮，形成了一個跳不出去的貧窮的惡性循環。

那麼，無論你是富有者還是窮人，拋掉你那些揮霍無度的愚蠢行動吧！這樣你就不會有那麼多世道艱難、稅收太重、家庭不堪重負之類的抱怨了。

第三章

富人視財富是仲介，而非目的地

一九一九年8月11日，安德魯・卡耐基因患支氣管肺炎死於沙多布魯克。卡耐基去世之後，外界對他持有的資產議論紛紛。許多報紙估計，他的資產在5億～6億美元之間，然而，事實上，截止到一九一八年1月1日，卡耐基已經向慈善事業捐贈了超過3.5億美元，到他去世時，身邊只剩下二千五百萬美元。

鋼鐵大王卡耐基在其《財富的原則》一書中提出：「我給兒子留下了萬能的美元，無異於給他留下了一個詛咒。」還說，「國家通過徵收遺產重稅表明，它譴責自私的百萬富翁的毫無價值的生活。」

「擁巨富而死者以恥辱終。」卡耐基以行動踐行了這句名言，作為美國第一代的超級富翁，卡耐基幾乎捐出了自己的全部身家。

時至今日，安德魯・卡耐基捐贈的圖書館依然遍佈全美，他建立的主要基金會和信託基金——卡耐基蘇格蘭大學信託基金、卡耐基鄧弗姆林基金會、卡耐基學會、卡耐基國際和平基金會、卡耐基英雄基金委員會、華盛頓卡耐基學會和卡耐基公司——仍然在運轉。卡耐基公司目前的投資基金總額大致為20億美元，仍然是美國慈善業的一支重要力量。

1．將金錢視為謀求幸福的工具

十九世紀，在太平洋的一個小島上，島民們用開採出來的一種石頭當錢。這種石頭的直徑從1英尺到12英尺不等，每塊石頭的中心都鑽了一個洞，可以用木棒從這個洞穿過去來搬運這些非常重的石頭。

島上的居民將這種石頭錢叫做斐。有些石頭是從離這個小島不遠的另一座小島開採出來的。這種石頭是潔白的、紋理細密的石灰石。

如果石頭的質地符合要求，那麼石頭的大小就是決定其價值的最重要的因素。由於許多石頭都太大了，不能方便地在島上運送，因此就導致了當地斐錢的獨特交易。

當錢的所有權已轉移時，真正的那塊石頭仍待在原地。斐錢的上一個持有人只需發表一個口頭聲明，說錢已經易主了。新的持有人甚至不用在石頭上做任何記號。這塊石頭也許仍待在上一個所有人那兒，但每一個人都知道它已經被易手了。島民們通常用椰子、煙草、成串的珠子來當做斐錢的硬幣。

一八九八年，德國政府從西班牙手中奪得了這座小島。小島上當時沒有路，而那些羊腸小徑又非常糟糕，因此島民們被命令去修建道路。

然而，歷代以來，島民們已習慣於躑躅在這些小道上，肩膀上搖搖晃晃地扛著用木棍穿起來的斐錢。他們不需要，也不想改進這些小道。

面對島民們的消極抵觸，德國當局不得不構想對策，怎樣才能促使他們執行計畫呢？德國人認為，島民們的財富也就是斐，散佈在島上的各個地方，要把它們全部沒收，可就費大工夫了。即使這些石頭全都能被搬動，把它們放在哪兒呢？最後德國人想出了一個計謀。他們派出了一個人，這個人拎著一罐黑色染料在島上四處轉悠。在那些斐上，他畫上一個小小的黑十字。

然後，德國人宣布，這些小黑十字意味著這些石頭不再是錢了。這座小島的島民們被一個油漆刷子剝削得乾乾淨淨，一文不名。島民們立即動手來改善道路。當他們完成了工作時，德國當局非常滿意，他們又派出了另外一個人，讓他去把那些斐上黑十字去掉並宣布那些石頭又是錢了。島民們因財產失而復得而歡欣鼓舞。

除了在斐上刷上油漆又把油漆弄掉導致了島民們一悲一喜以外，島上什麼也沒有變。德國當局的聰明之處在於，他們成功地控制了斐的價值。

我們很少想到，在我們的頭腦中，人為地賦予了金錢多麼大的力量。如果不是我們自己在頭腦中將錢的力量誇張擴大，錢真的是沒有什麼力量可言。金錢本身從來沒有建起過一幢大樓，製造過一件產品，拯救過一次生命，或提出過精明的投資建議。尤其在現今的社會中，錢只是毫無價值的紙片——真的是毫無價值，除非我們賦予其價值。

富翁對乞丐說：「我比你有錢，你不尊敬我嗎？」

乞丐說：「你的錢又不給我，我何必尊敬你？」

富翁說：「我給你一半錢，你不尊敬我嗎？」

乞丐說：「我跟你一樣有錢，何必尊敬你？」

富翁說：「我把全部的錢都給你，你總該尊敬我了吧？」

乞丐說：「你既然沒了錢，就該尊敬我了。」

難怪連乞丐都瞧不起富翁，因為他讓一點錢給「燒包」了，花錢都買不到尊敬！

金錢的一切魅力，都是由人賦予的。

一個執著於金錢而不能敞開心靈的人，到了最後會感到非常受挫折，有人因此而將所有的錢都拋棄，放棄世俗而跑到山上去，或進入西藏的僧院去當喇嘛。金錢是可以被使用的，但是那些不了解金錢的人不是成為吝嗇鬼，就是將所有的金錢都拋棄，因為在拋棄當中，他們希望找回自己的幸福。拋棄成為一種逃避。他們就是無法使用金錢，他們在使用金錢的時候總會覺得害怕，他們擺脫不了金錢的束縛。

富人擁有金錢，並會分享它，因為他知道錢並不是為它本身而存在的，它是為生命而存在的。

如果他覺得生活需要錢、愛需要錢，他可以完全將它拋棄，但這不是一種棄俗，他是在使用金錢。對於富人而言，金錢從來不是他們的目的地，而是他們到達目的地的工具。他們的真正的目的地是：挑戰自我、征服世界、證明自己的力量、內在價值的實現、憑一己之力製造出家人以及朋友的幸福……

2．對金錢持有平常心

富人熱中於賺錢，但對錢卻秉持著平常心。

一位無神論者來請教智者。

「您好！智者。」無神論者說。

「您好。」智者回禮。

無神論者拿出一個金幣給他。智者二話沒說裝進了口袋裏。

「毫無疑問，你想讓我幫你做一些事情，」智者說，「也許你的妻子不孕，你想讓我幫她祈禱。」

「不是，智者，我還沒結婚。」無神論者回答。

於是，他又給了智者一個金幣。智者也二話沒說又裝進了口袋。

「你一定有些事情想問我，」他說，「也許你犯下了罪行，希望神能原諒你。」

「不是，智者，我沒有犯過任何罪行。」無神論者回答。

他又一次給智者一個金幣，智者又一次裝進了口袋。

「也許你的生意不好，希望我為你祈福？」智者期待地問。

「不是，智者，我今年是個豐收年。」無神論者回答。

他又給了智者一個金幣。

「那你到底想讓我幹什麼？」智者迷惑地問。

「什麼都不幹，真的什麼都不幹，」無神論者回答，「我只是想看看一個人什麼都不幹，光拿錢能撐多長時間！」

「錢就是錢，不是別的。」智者回答說，「我拿著錢就像拿著一本書、一張紙或一塊石頭一樣。」

錢是貨幣，是一個人擁有物質財富多少的標誌，它本身不存在貴賤問題。錢在誰的口袋都一樣是錢，它們不會到了另一個人的口袋就不是錢了。

狄克不僅是一位出色的鑽石商，更是一位偉大的演講家。為了證明人在任何時候都要看得起自己，認同自我價值，他經常在公開場合進行這樣的一場演講：

面對觀眾，狄克拿起50美元，高舉過頭，說：「看，這是50美元，嶄新的50美元。有誰想要？」

所有的人都舉起了手。

然後，他把這張紙幣在手裏揉了揉，紙幣變得皺巴巴的了，然後又問觀眾：「現在有人想要這50美元嗎？」所有的人舉起了手。

狄克又把這張紙幣放在地上，用腳狠狠地踩了幾下，錢幣已經變得又髒又爛了。他拿起錢來，又問：「現在還有人想要嗎？」

結果還是所有的人都舉起了手。於是狄克就說：「朋友們，錢在任何時候都是錢，它不會因為你揉了它，你把它踩爛，它的價值就會有什麼變化，它依然可以在商店裏花出去。」

為什麼鈔票在狄克的手裏揉皺了，踩髒弄破了，還是有人想要它呢?因為鈔票就是鈔票，它不會因為受到了什麼「待遇」就有所差別，它還是具有以前一樣的價值，和其他的等面值的鈔票的價值是一樣的，只要它們的價值一樣，鈔票就都是平等的。

錢就是錢，一件平常的物。甚至它只是一塊石頭、一張紙，對錢保持一種平常的心，不把它視若鬼神，也不把它分為乾淨或骯髒。在生活中，我們孜孜以求地去獲取它，當失去它的時候，也不要痛不欲生。富人正是懷有對金錢的這種平常之心，才在驚風駭浪的理財生活中馳騁自如，臨亂不慌，取得了穩操勝券的效果。

3．超越欲望

人是有思考能力的動物，也是有欲望的動物。我們的欲望多得數不清，如：奢侈品、山珍海味、燈紅酒綠、毒品、煙草、成功、名譽、對他人的統治以及擁有大量的性經歷等，但其中絕大多數都不是維持生存和健康所必需的。

我們認為每個人多多少少都會擁有上述欲望，即使只是一些些。

我們之中也有許多人在為之所累。如果關注一下閃現在你思想中的各種念頭，你會發現其中的大多數都是欲望。由於你熱中於尋求心理上的平衡，你的一些欲望也是有益的。如果沒有了任何欲望，怎麼可能將生命中的潛能發揮出來，使其變為現實呢？

但許多縈繞於心的欲望並非是你真正需要的，甚至其中一些是有害於你的健康的，不利於你成為富閑族。也許有的欲望會反覆出現，日積月累使你形成了壞習性。除了欲望之外，一些消極思想也會產生同樣的作用，它們糾纏你，煩擾你，使你垮掉。如果你矢志要成為一個富人，那麼你便要謹記：

不要成為欲望的奴隸

當我們滿足了自己的欲望之後，內心往往是空虛。

比如說，你買了一件很漂亮的上衣，下次你肯定會想再找一件適合的裙子或褲子來搭配，買進中意之物，滿足自己，那會讓我們感覺輕鬆了一些。

但欲望本身並沒有消除，過不多久它又會捲土重來。一般比上一次來得更加猛烈，力量更加強大。欲望甚至會駐留在我們的大腦中，千方百計地迫使我們成為它的奴隸。

不要讓欲望迷失了自己

欲望一般是根深柢固的，即使我們認識到了欲望產生了惡性循環。為了避免一種欲望又會屈從於另一種欲望，希望產生的替代效應能使我們感覺好受一些。為了滿足這些不斷增長的欲望，我們浪費了許多時間和精力，受到了許多磨難（例如，消費過度變成卡奴），而且還迷失了自己。

用渴望代替欲望

事實上，通過滿足欲望來解脫自己，時間是很短暫的，既然我們無法通過滿足欲望來尋

得快樂。所以我們必須改變，去追求那些對我們身體、心理和精神健康都有益的事物，並付諸行動，才能使我們獲得快樂。

從欲望中解脫出來

認識到了這一點，你優先考慮的事物就會改變。你會對那些有益於健康的渴望感興趣。想要擁有一種健康的生活方式，這就是一個積極的渴望。如果你為滿足這一渴望而行動，那麼你就可以從眾多的欲望之中解脫出來。

超越欲望

你可以在思想中聽從欲望的指揮，但不要付諸實際的行動。如果你堅持這樣做下去，你會發現，通過友善地對待自己的欲望，任它們造次，然後再把它們都拋棄，你可以把這些欲望——消極的、揮之不去的力量轉化為積極的、有創造性的能量。這種能量使你獲得新生，使你獲得擺脫窮忙的動力。

4．以遊戲的心態賺取錢財

在某種意義上，猶太人便等同於富人，猶太人曾這樣形容自己——在賺錢的時候你就進入了一個遊戲的世界，作為遊戲的參與者，你要不停地和對手進行較量和角逐，你要採用一切辦法和手段來勝過其他的人，你要超越所有的人，才可以贏得最後的勝利。

著名的金融家摩根就秉承這樣的賺錢觀念：絕不讓賺錢變成沉重的負擔，而是將其視為一種新鮮刺激的遊戲。他認為只有這樣的遊戲心態才是良好的賺錢心態。

摩根賺錢甚至達到癡迷的程度，他一直有一個習慣，每當黃昏的時候，就到小報攤上買一份載有股市收盤的當地晚報回家閱讀。他說：「有些人熱中於研究棒球或者足球的時候，我卻喜歡研究怎麼賺錢。」

在談到投資的時候，摩根總是說：「玩撲克的時候，你應當認真觀察每一位玩者，從中看出一位冤大頭。如果看不出，那這個冤大頭就是你！」

摩根從來不亂花錢去做自己不喜歡的事情，而總是琢磨怎麼能賺錢的辦法。有的朋友開玩笑說：「摩根你已經是百萬富翁了，感覺滋味如何？」

摩根的回答讓人玩味：「凡是我想要的東西，我都能買到，至於其他人所夢想的東西，

比如名車、名畫、豪宅等，我都不為所動，因為我不想得到那些！」

摩根並不是一個為金錢而生活的人，他甚至不需要金錢來裝飾他的生活，他喜歡的僅僅是遊戲的感覺，那種一次次投入資金，又一次次地通過自己的智慧把錢賺回來的感覺，充滿了風險和艱辛，但是也頗為刺激，他喜歡的就是刺激。

摩根說：「金錢對我來說並不重要，重要的是賺錢的過程，即不斷地接受挑戰才是樂趣，不是要錢，而是賺錢，看著錢滾錢才是有意義的。」

許多的猶太大亨，當其手中掌握著數以百萬、千萬，甚至億萬的財富的時候，他們感覺手裏拿的不過就是一疊紙張而已，並不認為這就是可以時刻給人帶來禍福安危的東西。要想賺錢，就絕對不能給自己增加心理的負擔，而是應該十分從容地、冷靜地對待。對金錢不感興趣自然賺不到錢，然而倘若把金錢看得太重，也就給自己背負了沉重的包袱。

5．讓金錢衍生出更多的金錢

當人們正在羨慕樂透達人得中幾千萬元的好運氣時，轉而聽到的故事的續集卻是，這個樂透達人在不長的時間內將意外之財揮霍一空，再次變成了不名一文的窮光蛋。樂透達人之所以會有這樣的境遇，便在於其沒有利用獎金創建穩定的現金流。

當富人擁有了金錢後，他們會怎麼做呢？

普利茲出生於匈牙利，後隨家人移居到美國。美國南北戰爭期間，他曾在聯盟軍中服役。復員後學習法律，21歲時獲得律師開業許可證，開始了他獨自創業的生涯。普利茲是個有抱負的青年。他覺得當個律師創不了大業，經過深思熟慮，他決定進軍報業界。那時候，普利茲僅僅有靠半年打工掙的微薄收入，不過正是靠這一點點的錢，他才逐步走到成功的。

「只要給我一個支點，我就能使地球移動。」普利茲決心先找一個「支點」，有了「支點」才去實現移動「地球」的壯舉。據此，他千方百計尋找進入報業工作的立足點，以此作為他千里之行的起點。終於，他找到聖路易斯的一家報館。那老闆見這位青年人如此熱心於報業工作，且機敏聰慧，便答應留下他當記者，但有個條件，以半薪試用一年之後，再決定去留。

為了自己的理想，他接受了半薪的條件，他告訴自己，金錢多少並不重要，重要的是能夠從這個機會中學到知識。

幾年後，他對報社工作瞭若指掌，他決定用自己的一點積蓄買下一間瀕臨歇業的報館，開始創辦自己的報紙，取名為《聖路易斯郵報快訊報》。普利茲自辦報紙後，資金嚴重不足。那時候，美國經濟正迅速發展，商業開始興旺發達，很多企業為了加強競爭，不惜投入鉅資搞宣傳廣告。普利茲盯著這個焦點，把自己的報紙辦成以經濟資訊為主，加強廣告部，承接多種多樣的廣告。

就這樣，他利用客戶預交的廣告費使自己有資金正常出版發行報紙，發行量越來越大。開辦5年，每年為他賺15萬美元以上。他的報紙發行量越多，廣告也越多，他的收入進入良性循環，不久他發了財，成為美國報業的巨頭。

普利茲能從兩手空空到報業巨頭，原因在於他不但善於使用自己的資金，同時也善於使用別人的資金為自己服務。這就是聰明商人的絕妙之處，無論何時都是金錢的主人，讓錢給自己掙錢。

理財的最高境界莫過於「會理、敢理、巧理」。簡言之，讓錢「生」錢。記得有句經典對白說：投資是一樣神奇的東西，再賠，它也只能輸掉你手頭的，但一旦贏起來，它卻能不受限制地翻倍。雖然這句話聽起來有失偏頗，但至少，它給我們一個暗示：投資，讓錢去「生」錢！錢能生錢，也能生出富人。

當你經過努力有了一定的積累之後就要想想怎樣讓錢生錢，讓錢變得更多，讓自己變得更加富有，千萬不要成為錢奴才，抱著錢不放手，生怕錢會飛了！

如果你的金錢能夠在你睡覺、娛樂的時候，還在不停歇地為你工作著，那該是多麼令人吃驚的事情啊！相反，你如果總是為了錢而去盲目地工作，那你就成了金錢的奴隸。看看那些富翁，哪個不是懂得資金分配和利用而富有的？

有的人會問究竟要賺多少錢才能滿足，才能夠花啊？這要根據你對自己的要求來定了。有人做過一個統計：

假設不買漂亮衣物，不上館子，不旅遊，不買房，不看電影，不聽音樂，不玩電腦，不交際，不贍養老人，不結婚，不生孩子，當然也不生病等，一切生活所必需的東西都作為奢侈品摒棄掉，只有一日三餐、一間小屋，幾件為保暖和遮羞的換季衣物，每月400元人民幣可能就足夠了。

從出生到成年這18年中，我們有長輩關照；如果幸運地能從19歲一直幹到60歲，那麼這42年是為將來作準備的；60～80歲這20年裏，如果以前面所說的每月400元的生活水準計算的話，應該有9.6萬元的養老準備金，還不算上超過80歲的用錢期。這樣一來我們就知道了自己掙多少錢才夠用。在貨幣價值穩定、沒有通貨膨脹的前提下，我們僅為生存，每月掙一千元就夠了。其中400元用於現在的支出，400元留作養老，另外200元用於年老時的醫療，因為那時疾病會頻繁地光顧。

如果你對400元的生活水準充滿恐懼，如果你現在每月掙二千元還覺得不夠花，那麼你將來的生活就要設定在這個基礎之上，現在你每月就得掙四千元、五千元；如果你打算出國深造、打算投資、打算旅遊，那麼這個數目就遠遠不夠了。

你追求什麼樣的生活水準就要有相應的金錢儲備，當然，相信每個人都不想過那種每個

月400元就足夠的生活。誰不想讓自己的生活品質提升？誰不想在吃飽穿好之餘，去旅遊，去KTV，去看電影，去聽音樂會呢？高標準的生活就要求你必須能夠有足夠的金錢儲備，這就要求你有賺錢的本事，有讓錢生錢的本事，而不是把錢放在銀行或保險櫃裏。

一個人把金子埋在花園的樹下面，每週挖出來陶醉一番。然而有一天，他的金子被賊偷走了，此人痛不欲生。鄰居來看他，了解到事情的經過後，問他：「你從沒花過這些錢嗎？」「沒有！我每次只是看看而已。」鄰居告訴他：「那麼，這些錢有和沒有對你來說都是一樣啊！」

這個故事告訴我們：把自己的財富閒置著就等於沒有財富，只有讓財富運轉起來，才能帶來更多的財富。

以前的人們崇尚節儉，喜歡把錢守住，放在保險櫃，但是現在人們的思想變了，想讓錢生錢，想讓手頭的錢發揮最大的作用，能給自己帶來更多的收益，這就使理財變得至關重要。鮑勃一生的經歷可謂家庭投資與理財的典範。

鮑勃是波音公司的一名工程師，他從26歲時開始將每月薪水中的20%投資於共同基金。這類基金雖然風險大一些，但年收益高，自一九三四年以來，平均該類基金年收益約13%。到35歲的時候他與別人合資辦了一個連鎖店，收益亦相當可觀。到了40多歲時，他開始求穩當。於是，將投資於共同基金的錢取出來投資於一種非管理型股本指數基金，年收益率大約是10%左右。

鮑勃僅將自己的錢的10%用於銀行儲蓄，因為美國銀行的利率長期在3%～6%，遠低於其他投資手段。鮑勃在49歲的時候預計60歲退休，於是便開始著手準備將收入的20%用於退休金準備，這樣，加上他過去投資賺的錢，足以為自己的退休生活留下一筆可觀的資金。

鮑勃是一個非常聰明的人，他在不同的年齡階段為自己選擇不同的理財方式，在保證自己生活水準的前提下進行各種投資，實現了讓錢生錢的目標，讓自己的生活變得更加富裕。

很多人總是有這樣的觀念：現在自己的金錢資本太少了，先攢二年錢吧，等積蓄多點，再拿出來投資。等二年過後發現，這點錢還是不夠投資的，於是再攢二年吧，攢來攢去，發現即使攢一輩子也攢不到100萬元，而且人也老了，這一生就在攢錢中度過。

攢錢是永遠也不能成為富翁的。建立正確的理財觀念的第一步，就是意識到掙錢和攢錢的本質區別。

在物價上漲的時候，攢錢往往會使人變得越來越窮，富人思維的首要體現就是掙錢才能讓自己富起來！當然，這裏並不是在徹底抨擊攢錢是錯誤的，節約和攢錢不是一回事。

猶太巨富比爾・薩爾諾夫小時候生活在紐約的貧民窟裏。他有6個兄弟姐妹，全家只依靠父親做一個小職員所得的微薄收入維持生計，所以生活極為拮据。他們只有把錢省了又省，才可以勉強地度日。到了他15歲那年，父親把他叫到身邊，對他說：「小比爾，你已經長大了，要自己來養活自己了。」小比爾點點頭，父親繼續說：「我攢了一輩子也沒有給你們攢下什麼，我希望你能去經商，這樣我們才有希望改變貧窮的命運，這也是我們猶太人的傳統。」

比爾聽了父親的忠告，外出經商。三年之後，就改變了全家的狀況，5年之後，他們全家搬離了那個社區，七年之後，他們竟然在寸土寸金的紐約買下了一套房子。

比爾的家人攢了一輩子的錢，也沒有徹底改變全家的生活，比爾聽了父親的勸告去經商，最終改變了家人的命運，這就是說攢錢並不能徹底讓你擺脫貧窮的命運，要學會賺錢才能讓錢生錢，讓你從貧窮走向富裕。

要想讓錢生錢，就要養成良好的理財習慣，從日常生活做起，培養自己的理財能力，不久你就會發現自己真的成了可以讓錢生錢的理財高手。

把「麥穗哲理」應用到自己的理財過程中。

「麥穗哲理」來源於蘇格拉底的一個故事。

古希臘哲學導師蘇格拉底的三個弟子曾求教老師，問怎樣才能找到理想的伴侶。蘇格拉底沒有直接回答，卻帶徒弟們來到一片麥田，讓他們走過麥田時，每人去選一把最大的麥穗，條件是不能走回頭路，機會就是只能摘一把。

第一個弟子剛走幾步便摘了白認為是最大的麥穗，結果發現後面還有更大的；第二個弟子一直是左顧右盼，東挑西揀，一直到了終點才發現，前面幾個最大的麥穗已經錯過了；第三個弟子吸取前兩位教訓，當他走了$\frac{1}{3}$時，即分出大、中、小三類麥穗，再走$\frac{1}{3}$時驗證是否正確，等到最後$\frac{1}{3}$時，他選擇了屬於大類中的一把美麗的麥穗。

麥穗哲理警示人們在理財過程中要善於總結，把握方法，找到適合自己的理財方式，不要因為心急草草選擇，也不要因為猶豫不決錯過了最好的選擇，只有經過分析找出規律作出選擇，才能讓自己有更大的收益把握。

6．追求財富是為了通達幸福

有一個哲學家，問一個即將畢業的大學生：

「想不想找一份工資更高的工作？」

「當然想。」

「為什麼要追求更多的工資呢？」

「為了生活更富裕。」

「那麼生活更富裕為了什麼呢？」

……

沒人喜歡這樣被追根問底，因為我們未曾真正思考過。畢竟，有錢是一件多好的事啊！但是，成為有錢人到底是為了什麼呢？

芝加哥大學工商學院的一個教授，舉了這樣一個例子：

假定你是一家公司的CEO，你可選擇的支付員工薪酬的方案有兩種：一種是你支付給員工定額的高薪；另一種是雖然你為員工制定了相對較低的工資，但會有一套獎勵制度來激勵他們。從成本支出來看，第一種付薪方式的成本更高；但是如果選擇員工滿意度為審視角度的話，第二種方式會帶來更高的員工滿意度。

我們無法諱言這樣的現實：追求財富是人的本能。人人都希望自己的錢包變得更鼓，人人都希望自己有朝一日成為富翁。但我們同樣無法迴避這樣的事實，社會資源的總量是有限的，至少在現在這個階段，我們不可能期望人人都成為富豪。富裕階層與弱勢群體之間的貧富鴻溝，也不可能完全消失。

傳統經濟學認為，增加人們的財富是提高人們幸福指數的最有效的手段。但目前更多的心理學家認為，財富僅僅是能夠帶來幸福的很小的因素之一，人們是否幸福，很大程度上取決於很多和絕對財富無關的因素。

舉個例子，在過去的幾十年中，美國的人均GDP翻了幾番，但是許多研究發現，人們的幸福程度並沒有太大的變化，壓力反而增加了。這就產生了一個非常有趣的問題：我們耗費了那麼多的精力和資源，增加了整個社會的財富，但是人們的幸福程度卻沒有什麼變化。這究竟是為什麼呢？

歸根結柢，人們最終追求的是生活的幸福，而不是有更多的金錢。因為，從「效用最大化」出發，對人本身最大的效用不是財富，而是幸福本身。

這一點已經被很多真實的例證證明。有一位私營企業家，他的公司年產值約2億元，一年純利潤也有兩三千萬元。但他每天早上八點半上班，常常要到晚上八、九點才回家。他自嘲被企業「套」住了，一年到頭很難有輕鬆的時候。有人問他：「公司每年財務報表上利潤的增加，能給你帶來多少快樂？」他笑笑，搖搖頭：「增加幾百萬元對我而言沒啥感覺。」

事實就是這樣，把十塊錢給一位饑腸轆轆的人為他所帶來的快樂，可能要比十萬元帶給千萬富翁的快樂來得強烈。如果用縱軸代表快樂，橫軸代表財富，那麼兩者的關係可以通過一條曲線反映出來：在一貧如洗時，最初的財富積累給人帶來的幸福感一定急遽上升；財富積累到一定程度後，幸福感的增加進入一個緩坡；等到財富增長到某個數量後，大大超過了一個人一生的需要，擁有者可以「為所欲為」時，幸福感增長就基本成為水平線，很難再有更多增長。無論金錢、財富怎樣多，人生終究還是有缺陷的，比如生老病死，所以人的幸福感都不可能達到100％。

金錢和財富同樣逃脫不掉邊際效用遞減律。

一千五百萬元當然比一千萬元更好，但是很少有人能夠因而讓幸福感也同等增加50%。這實在是勉為其難：吃不過三餐飯，睡不過一張床，財富增加了，幸福感不一定同比增加。這是世界之惑，人類之惑。除非在財富增加的每個臺階，能過一種全新的生活。

二〇〇一年，美國61歲的富翁蒂托花了二千萬美元，到俄羅斯國際空間站進行太空旅遊。二〇〇二年，28歲的南非富翁馬克也同樣玩了一次。還有很多外國富豪也這樣，或駕船橫渡太平洋，或乘熱氣球環遊世界等。富人追求財富最終是為了通達幸福，通達他們的真正的心靈歸屬，從這個角度來看，富人的財富哲學更像是一種生活哲學。

7．不把所有的錢放進自己的腰包

把所有的錢都揣進自己的腰包，這並不是一個真正富翁的做法。

許多在經濟上成功的猶太人都願意慷慨地回饋社會。

英國的牛津和劍橋這兩所大學各有一個「伊沙克・沃夫森學院」，這來自於一個猶太人的名號。

被譽為當代最慷慨的慈善家伊沙克・沃夫森是一個蘇格蘭裔猶太人，英國最大的百貨公司「大宇宙百貨公司」的總裁。該公司擁有三千多家零售商店，同時涉及銀行業、保險業、房地產，還有水陸路運輸業等。

一九五五年，沃夫森設立了以自己名字命名的基金會，在以後的20年間，為各個方面，主要是教育機構提供了四千五百萬美元的經濟資助。許多大學和學院都向他頒發了榮譽學位證書。

曾經有一個人問他：「沃夫森這個傢伙既是皇家外科醫師學會會員和皇家內科醫師學會會員，又是牛津大學的教會法規博士和劍橋大學的法學博士，而且還是這所大學的這個博士，那所大學的那個博士，他到底是幹什麼的？」

「他是個寫東西的。」

「寫東西？他寫了些什麼？」

「支票。」

賺錢的能力，是猶太人評價一個商人成功與否的重要標準。但只有那些不僅僅為自己謀得利益、同時慷慨回饋社會的人，才能真正不被身外之物所困，獲得心靈的自由。

同許多美國人一樣，富勒一直在為一個夢想奮鬥，這就是從零開始，而後積累大量的財富和資產。到30歲時，富勒已掙到了百萬美元，他雄心勃勃想成為千萬富翁，而且他也有這個本事。他擁有一幢豪宅，一間湖上小木屋，二千英畝地產，以及快艇和豪華汽車。

但問題也來了：他工作得很辛苦，常感到胸痛，而且他也疏遠了妻子和兩個孩子。他的

財富在不斷增加，他的婚姻和家庭卻岌岌可危。

一天在辦公室，富勒心臟病突發，而他的妻子在這之前剛剛宣布打算離開他。他開始意識到自己對財富的追求已經耗費了所有他真正珍惜的東西。他打電話給妻子，要求見一面。當他們見面時，兩人都是熱淚滾滾。他們決定消除破壞他們生活的東西——他的生意和物質財富。

他們賣掉了所有的東西，包括公司、房子、遊艇，然後把所得收入捐給了教堂、學校和慈善機構。他的朋友都認為他瘋了，但富勒從沒感到比這時更清醒過。

接下來，富勒和妻子開始投身於一樁偉大的事業——為美國和世界其他地方的無家可歸的貧民修建「人類家園」。他們的想法非常單純：「每個在晚上困乏的人至少應該有一個簡單而體面、並且能支付得起的地方，用來休息。」

美國前總統卡特夫婦也熱情地支持他們，穿上工裝褲來為「人類家園」勞動。富勒曾有的目標是擁有一千萬美元家產，而現在，他的目標是為一千萬人、甚至更多人建設家園。目前，「人類家園」已在全世界建造了6萬多套房子，為超過30萬人提供了住房。

富勒曾為財富所困，幾乎成為財富的奴隸，差點兒被財富奪走他的妻子和健康；而現在，他是財富的主人，他和妻子自願放棄了自己的財產，而去為人類的幸福工作，他自認是世界上最富有的人。

第四章

富翁大佬是怎樣練成的

諾亞並不是在已經下大雨的時候，才開始建造方舟的。

——股神　巴菲特

炒作就像動物世界的叢林法則，專門攻擊弱者，這種做法往往能夠百發百中。

——國際金融狙擊手　喬治・索羅斯

順應趨勢，花全部的時間研究市場的正確趨勢，如果保持一致，利潤就會滾滾而來！

——技術分析大師　威廉・江恩

經驗顯示，市場自己會說話，市場永遠是對的，凡是輕視市場能力的人，到頭來終究會吃虧的！

——投資大師　威廉・歐奈爾

股市是謠言最多的地方，如果每聽到什麼謠言，就要買進賣出的話，那麼錢再多，也不夠賠。

——日本股神　市川銀藏

1．彼得．林奇的理財方略

彼得．林奇是華爾街著名投資公司麥哲倫公司的總經理。上任幾年間，他便將公司資產由二千萬美元增長至90億美元，《時代》週刊稱他為「第一理財家」。《幸福》雜誌則讚譽他為「股票投資領域的最成功者」。

這位投資大師，在投資理念上有著自己獨到的見解。

不要相信各種理論

多少世紀以來，人們聽到公雞叫後看見太陽升起，於是認為太陽之所以升起是由於公雞打鳴。今天，雞叫如故。但是每天為解釋股市上漲的原因及影響的新論點，卻總讓人困惑不已。每當我聽到此類理論，我總是想起那公雞的叫聲。

不要相信專家意見

專家們不能預測到任何東西。雖然利率和股市之間確實存在著微妙的相互聯繫，我卻不信誰能用金融規律來提前說明利率的變化方向。相信成功得來不易，而且從小培養下一代成功致富的觀念的人，才是掌握命運、掌握財富，信奉智慧的人。

不要相信數字分析

股票投資是一門藝術，而不是一門科學。對於那些受到呆板的數量分析訓練的人，處處都會遇到不利因素，如果可以通過數字分析來確定選擇什麼樣的股票的話，還不如用電腦算命。選擇股票的決策不是通過數字作出的，你在股市上需要的全部數字知識，是你上小學四年級就學會了的。

不要相信投資天賦

在股票選擇方面，沒有世襲的技巧。儘管許多人認為別人生來就是股票投資人，而把自己的失利歸咎為天生愚笨。我的成長歷程說明，事實並非如此。在我的搖籃上並沒有吊著股票行情收錄機，我長乳牙時也沒有咬過股市交易記錄單，這與人們所傳貝利嬰兒時期就會反彈足球的早慧截然相反。

2．巴菲特的投資哲學

沃倫．巴菲特是全球著名的投資商。一九五六年，26歲的他靠親朋湊來的10萬美元白手起家，二〇〇八年，他在《富士比》排行榜上財富超過比爾．蓋茲，成為世界首富。由羅傑．洛文斯坦撰寫的巴菲特傳記中，篇首是世界首富比爾．蓋茲的一篇短文。蓋茲寫道：「他的笑話令人捧腹，他的飲食——一大堆漢堡和可樂——妙不可言。簡而言之，我是個巴菲特迷。」蓋茲確實是個巴菲特迷，他牢牢記住巴菲特的投資理論——在最低價格時買進股票，然後就耐心等待。別指望做大生意，如果價格低廉，即使中等生意也能獲利頗豐。

巴菲特理財攻略一：儘量避免風險，保住本金

在巴菲特的投資名言中，最著名的無疑是這一條：「成功的祕訣有三條：第一，儘量避免風險，保住本金；第二，儘量避免風險，保住本金；第三，堅決牢記第一、第二條。」為了保證資金安全，巴菲特總是在市場最亢奮、投資人最貪婪的時刻保持清醒的頭腦而急流勇退。一九六八年5月，當美國股市一片狂熱的時候，巴菲特卻認為已再也找不到有投資價值的股票了，他由此賣出了幾乎所有的股票並解散了公司。結果在一九六九年6月，股市大跌

漸漸演變成了股災，到一九七〇年5月，每種股票都比上年年初下降了50%，甚至更多。

巴菲特的穩健投資，絕不做「沒有把握的事情」的策略使他逃過了一次又一次的股災，也使得機會來臨時資本迅速增值。但很多投資者卻在不清楚風險或自己沒有足夠的風險控制能力下貿然投資，又或者由於過於貪婪的緣故而失去了風險控制意識。在做任何投資之前，我們都應把風險因素放在第一位，並考慮一旦出現風險時我們的承受能力有多強，如此才能立於不敗之地。

巴菲特理財攻略二：作個長期投資者，而不是短期或投機者

巴菲特的成功最主要的因素是他是一個長期投資者，而不是短期投資者或投機者。巴菲特從不追逐市場的短期利益，不因為一個企業的股票在短期內會大漲就去跟進，他會竭力避免被市場高估價值的企業。一旦決定投資，他基本上會長期持有。所以，即使他錯過了二十世紀90年代末的網路熱潮，但他也避免了網路泡沫破裂給無數投資者帶來的巨額損失。巴菲特有句名言：「投資者必須在設想他一生中的決策卡片僅能打20個孔的前提下行動。每當他作出一個新的投資決策時，他一生中能做的決策就少了一個。」

在一個相對短的時期內，巴菲特也許並不是最出色的，但沒有誰能像巴菲特一樣長期比市場平均表現好。在巴菲特的盈利記錄中可發現，他的資產總是呈現平穩增長而甚少出現暴

漲的情況。一九六八年，巴菲特創下了58.9%年收益率的最高紀錄，也是在這一年，巴菲特感到極為不安而解散公司隱退了。

從一九五九年的40萬美元到二〇〇四年的429億美元的這45年中，可以算出巴菲特的年均收益率為26%。從某一單個年度來看，很多投資者對此也許會不以為然。但沒有誰可以在這麼長的時期內保持這樣的收益率。這是因為大部分人都為貪婪、浮躁或恐懼等人性弱點所左右，成了一個投機客或短期投資者，而並非像巴菲特一樣是一個真正的長期投資者。

巴菲特理財攻略三：把雞蛋放在同個籃子裏，然後小心看好

究竟應把雞蛋集中放在一個籃子內還是分散放在多個籃子內，這種爭論從來就沒停止過也不會停止。這不過是兩種不同的投資策略。從成本的角度來看，集中看管一個籃子總比看管多個籃子要容易，成本更低。但問題的關鍵是能否看管住唯一的一個籃子。巴菲特之所以有信心，是因為在作出投資決策前，他總是花上數個月、一年甚至幾年的時間去考慮投資的合理性，他會長時間地翻看和跟蹤投資對象的財務報表和有關資料。對於一些複雜的難以弄明白的公司他總是避而遠之。只有在透徹了解所有細節後巴菲特才作出投資決定。

我怎麼選股：重心是「什麼」上面，而不是「何時」

可口可樂公司於一九一九年上市，那時的價格是40美元左右。一年後，股價降了50%，只有19美元。看起來那是一場災難。瓶裝問題，糖料漲價，你總能發現這樣、那樣的原因讓你覺得那不是一個合適的買入時機。一些年之後，又發生了大蕭條、第二次世界大戰、核武器競賽等，總是有原因（讓你不買）。如果你在一開始40美元買了一股，然後你把派發的紅利進行再投資（買入可口可樂的股票），一直到現在，那股可樂股票的價值是五千萬美元。這個事實壓倒了一切。如果你看對了生意模式，你就會賺很多錢。

切入點的時機是很難把握的。所以，如果我擁有的是一個絕佳的生意，我絲毫不會為某一個事件的發生，或者它對未來一年的影響等而擔憂。當然，在過去的某些個時間段，政府施加了價格管制政策。企業因而不能漲價，即使最好的企業有時也會受影響，我們的See's Candy糖果不能在12月26日漲價。但是，管制該發生的時候就會發生，它絕不會把一個傑出的企業蛻變成一個平庸的企業。政府是不可能永遠實施管制政策的。

一個傑出的企業可以預計到將來可能會發生什麼，但不一定會準確到何時會發生。重心需要放在「什麼」上面，而不是「何時」上。如果對「什麼」的判斷是正確的，那麼對「何時」大可不必過慮。

我憑什麼選股：給我10億美元和10年

我只喜歡我看得懂的生意，這個標準排除了90%的企業。我想要的生意外面得有個城牆，居中是價值不菲的城堡，我要負責的、能幹的人才來管理。

30年前，柯達公司的城牆和可口可樂的城牆是一樣難以逾越的。柯達向你保證你今天的照片，20年、50年後看起來仍是栩栩如生，這一點對你而言可能恰恰是最重要的。30年前的柯達就有那樣的魅力，它佔據了每個人的心。在地球上每個人的心裏，它的那個小黃盒子都在說，柯達是最好的。那真是無價的。

現在的柯達已經不再獨佔人們的心。它的城牆變薄了，富士用各種手段縮小了差距。柯達讓富士成為奧林匹克運動會的贊助商，一個一直以來由柯達獨佔的位置。於是在人們的印象裏，富士變得和柯達平起平坐起來。

與之相反的是，可口可樂的城牆與30年前一比，變得更寬了。你可能看不到城牆一天天的變化。但是，每次你看到可口可樂的工廠擴張到一個目前並不盈利、但20年後一定會盈利的國家，它的城牆就加寬些。企業的城牆每天每年都在變，或厚或窄。10年後，你就會看到不同。

我給那些公司經理人的要求就是，讓城牆更厚些，保護好它，拒競爭者於牆外。我尋找的就是這樣的企業。那麼這樣的企業都在做什麼生意呢？我要找到它們，就要從最簡單的產品裏找到那些（傑出的企業）。因為我沒法預料到10年以後，甲骨文，蓮花，或微軟會發展成什麼樣。比爾・蓋茲是我碰到過的最好的生意人。微軟現在所處的位置也很好。但是我還是對他們10年後的狀況無從知曉。同樣我對他們的競爭對手10年後的情形也一無所知。

雖然我不擁有口香糖的公司，但是我知道10年後他們的發展會怎樣。互聯網是不會改變我們嚼口香糖的方式的，事實上，沒有什麼能改變我們嚼口香糖的方式。會有很多的（口香糖）新產品不斷進入試驗期，一些以失敗告終。這是事物發展的規律。如果你給我10億美元，讓我進入口香糖的生意，打開一個缺口，我無法做到。這就是我考量一個生意的基本原則。給我10億美元，我能對競爭對手有多少打擊？給我100億美元，我對全世界的可口可樂的損失會有多大？我做不到，因為，它們的生意穩如磐石。給我些錢，讓我去佔領其他領域，我卻總能找出辦法把事情做到。

這樣，我就能看清這個企業從此10年的大方向。如果我做不到這一點，我是不會出手去買它的。

我的5項投資邏輯

1・因為我把自己當成是企業的經營者，所以我成為優秀的投資人；因為我把自己當成投資人，所以我成為優秀的企業經營者。

2．好的企業比好的價格更重要。

3．一生追求消費壟斷企業。

4．最終決定股價的是實質價值。

5．沒有任何時間適合將最優秀的企業脫手。

我的12項投資要點

1．利用市場的愚蠢有規律地投資。

2．買價決定報酬率的高低，即使是長線投資也是如此。

3．利潤的複合增長與交易費用和稅負的避免使投資人受益無窮。

4．不在意一家公司來年可賺多少，僅留意未來5～10年能賺多少。

5．只投資於未來收益高確定性的企業。

6．通貨膨脹是投資者的最大敵人。

7．價值型與成長型的投資理念是相通的；價值是一項投資未來現金流量的折現值；而成長只是用來決定價值的預測過程。

8．投資人在財務上的成功與他對投資企業的了解程度成正比。

9．「安全邊際」從兩個方面協助你的投資：首先是緩衝可能的價格風險；其次是可獲得相對高的權益報酬率。

10．擁有一支股票，期待它下個星期就上漲，是十分愚蠢的。

11．就算聯儲主席偷偷告訴我未來2年的貨幣政策，我也不會改變我的任何作為。

12．不理會股市的漲跌，不擔心經濟情勢的變化，不相信任何預測，不接受任何內幕消息，只注意兩點：一是買什麼股票；二是買入價格。

我的8項投資標準

1．必須是消費壟斷企業。

2．產品簡單、易了解、前景看好。

3．有穩定的經營史。

4．經營者理性、忠誠，始終以股東利益為先。

5．財務穩健。

6．經營效率高、收益好。

7．資本支出少、自由現金流量充裕。

8．價格合理。

我的2項投資方式

1．卡片打洞、終生持有，每年檢查次以下數字：一是初始的權益報酬率；二是營運毛利；三是負債水平；四是資本支出；五是現金流量。

2．當市場過於高估持有股票的價格時，也可考慮進行短期套利。

3．吉姆．羅傑斯的投資法則

吉姆．羅傑斯是國際著名的投資家和金融學教授。他是量子基金創始人之一，人稱「奧地利股市之父」。

一九七〇年，羅傑斯與索羅斯共同創立了量子基金，取得了令人矚目的成績。從一九八三年開始，他在哥倫比亞大學開設了最熱門的高級證券分析課程，連投資大行家巴菲特聽了他課後，也連聲叫好。巴菲特認為羅傑斯對市場人趨勢的把握無人能及。羅傑斯還擔任美國有線電視臺CNBC最受觀眾歡迎的節目「你的投資組合」的主持人。

作為國際著名的投資家，羅傑斯先後投資前西德、奧地利、巴西、新加坡等國家，獲得了巨大成功。一九八九年，羅傑斯第一次環球旅行時，投資於世界各個新興國家。一九九八年，羅傑斯創立羅傑斯國際商品指數（RICI）。到二〇〇三年11月，該指數已達117.46%的升幅，超過同期主要指數。《時代》雜誌稱羅傑斯為金融界的印第安那·瓊斯。

羅傑斯曾經公開了自己的投資法則。

1．**勤奮**　「我並不覺得自己聰明，但我確實非常、非常、非常勤奮地工作。如果你能非常努力地工作，也很熱愛自己的工作，就有成功的可能。」

2．**獨立思考**　「我總是發現自己埋頭苦讀很有用處。我發現，如果我只按照自己所理解的行事，既容易又有利可圖，而不是要別人告訴我該怎麼做。」羅傑斯從來都不重視華爾街的證券分析家。

3．**絕不賠錢法則**　「除非你真的了解自己在幹什麼，否則什麼也別做。假如你在二年內靠投資賺了50%的利潤，然而在第三年卻虧了50%，那麼，你還不如把資金投入政府公債。耐心等待好時機，先把賺的錢獲利了結，然後等待下一次的機會。」

4．**價值投資法則**　「平常時間，最好靜坐，愈少買賣愈好，永遠耐心地等候投資機會的來臨。」

5．**等待催化因素的出現**　「市場走勢時常會呈現長期的低迷不振。為了避免使資金陷入如一潭死水的市場中，你就應該等待能夠改變市場走勢的催化因素出現。」

6．**靜若處子法則**　「袖手不管，除非真有重大事情發生。大部分的投資人總喜歡進進出出，他們就是沒有辦法坐下來等待大勢的自然發展。這實際上是導致投資者傾家蕩產的絕路。」

4．洛克菲勒的賺錢理念

約翰・洛克菲勒是美國實業家、超級資本家，美孚石油公司（標準石油）的創辦人。他是現代商業史上最富爭議的人物之一。一方面，他創建的標準石油公司，在巔峰時期曾壟斷全美80％的煉油工業和90％的油管生意；另一方面，洛克菲勒篤信基督教，以他名字命名的基金會，秉承「在全世界造福人類」的宗旨，捐款總額高達5億美元。

這種看似相互衝突的精神狀態，使洛克菲勒的創業史在美國早期富豪中頗具代表性：異常冷靜、精明，富有遠見，憑藉獨有的魄力和手段，一步步地建立起龐大的商業帝國。洛克菲勒有著怎樣的賺錢理念呢？

光明正大賺錢

「我一直財源滾滾，心如天助，這是因為神知道我會把錢返還給社會的。」

「上帝為我們創造雙腳，是要讓我們靠自己的雙腳走路。」

「給予是健康生活的奧祕……金錢可以用來做壞事，也可以是建設社會的工具。」

「如果一個人每天醒著的時候把時間全用在為了錢而掙錢上面，我不知道還有比這樣的人更可鄙、更可憐的了。」

為工作要有建設性的爭吵

「良好的方案往往不是由互相容忍得來的，而是爭吵的結果。」

知識＋智慧

「知識是外在的，是我們對所見事物的認識；智慧則是內涵的，是我們對無形事物的了解；只有兩者兼備，你才能成為一個全面發展的人。」

自信與堅持

「除非你放棄，否則你就不會被打垮。」

「我總是設法把每一樁不幸，化為一次機會。」

「每個人都是他自己命運的設計者和建築師。」

「從貧窮通往富裕之路是暢通的，重要的是你要堅信，我就是最大的資本。」

「在我眼裏，『侮辱』一詞的詞義已經轉換，它不再是剝掉我尊嚴的利刃，而是一股強大的『動力』。」

「一旦確定了目標，就應盡一切可能，努力培養達成目標的充分自信。」

「如果你視工作為一種樂趣，那麼你的人生就是天堂；如果你視工作為一種義務，那麼你的人生就是地獄。」

「愛情就像一粒種子，到時它就會成長、開花。我們不知道開的是什麼花，但是，肯定它會開花。」

勤奮務實

「凡事都得試試，哪怕希望微乎其微。」

「從最底層幹起，一點一點地獲得成功，我認為這是搞清楚一門生意的最好途徑。」

「智慧之書的第一章，也是最後一章，是天下沒有白吃的午餐。」

「財富是意外之物，是勤奮工作的副產品。每個目標的達成都來自於勤奮的思考與勤奮的行動，實現財富夢想也依然如此。」

「積累的知識越多，成功的希望就越大。」

「一切事情，你要搞清楚它的來龍去脈，你得親自去看……盲目下手的人是撈不到好處的。他們都是蠢貨。」

設計運氣，把握時機

「設計運氣，就是設計人生。所以在等待運氣的時候，要知道如何引導運氣。這就是我不靠天賜的運氣活著，但我靠策劃運氣發達。」

「忍耐並非忍氣吞聲、也絕非卑躬屈膝，忍耐是一種策略，同時也是一種性格磨練，它所孕育出的是好勝之心。」

「讓別人打頭陣，瞅準時機給他一個出其不意，後來居上才最明智。」

「想獲勝必須了解冒險的價值，而且必須有自己創造運氣的遠見。當然，風險越高，收益越大。」

「要取得今天的成功，就要在教育與努力之外再加上這些要素——有創造性的、想像力豐富的心靈。」

「全面檢查一次，再決定哪一項計畫最好。」

「首先發現對方的弱點並狠命一擊的人，常常是勝者。」

做生活的強者

「與其生活在既不勝利也不失敗的黯淡陰鬱的心情裏，成為既不知歡樂也不知悲傷的懦夫的同類者，倒不如不惜失敗，大膽地向目標挑戰！」

「我需要強有力的人士，哪怕他是我的對手。」

「越是認為自己行，你就會變得越高明，積極的心態會創造成功。」

「任何事情你鑽得深，就引人入勝，就越來越重要。」

「堅強有力的同伴是事業成功的基石。不論哪種行業，你的夥伴既可能把事業推向更高峰，也可能導致集團的分裂。」

「我不知道是不是勇氣。一個人往往進入只有一件事可做的局面，並無選擇的餘地。他想逃，無路可逃。因此他只有順著眼前唯一的路前走，而人們稱它為勇氣。」

「當紅色的薔薇含苞欲放的時候，只有剪除周圍的別枝繁葉，才可以在日後一支獨秀，放出嫵媚豔麗的花朵。」

循序漸進、穩紮穩打

「凡事都需要看得遠一點。你在邁出第一步的時候，心中必須裝著第二步——這幾乎是我一生的經驗。」

「裝傻是一門學問。」

「在商場上，成功了的騙術並不是騙術。」

「做事不搶時間，不求多，穩穩當當地做，就能做許多事情，這有多好！」

「沒有一杆完成的高爾夫比賽，你需要一杆一杆地打下去，你每打出一杆的目的，就是離球洞越近越好，直到把球打進。」

5．李嘉誠的理財經

李嘉誠是香港的國際企業家，他創立了香港最大的企業集團——長江集團，事業版圖橫跨房地產、能源業、網路業、電訊業以及媒體業。李嘉誠是現在香港、大中華地區及亞洲首富，綽號「李超人」。據二〇一〇年2月《富士比》雜誌的統計，李嘉誠的總資產值高達213億美元，折合港幣約一千六百五十億元。

李嘉誠語錄

做生意就像是在划艇，我一定會想：有沒有足夠氣力由A到達B？又想：即使到了，是否還有氣力划回來嗎？

李嘉誠最常使用的辭彙是「保守」。

或許也正因為保守，這個80歲老先生總是能夠比年輕人更敏銳地捕捉到風險的氣息。一個典型的例子是，早在二〇〇六年，他就提醒和記黃埔的高級管理團隊，要減少債務、準備好應對危險；而在二〇〇七年5月，他以少有的嚴肅口吻提醒A股投資者，要注意泡沫風險，半個月之後，「5・30」行情開始拖累A股一路暴跌。

二〇〇七年8月，「港股直通車」刺激市場出現非理性飆漲，李嘉誠再次發出忠告，香港股市與內地股市均處於高位，投資有風險。也正是在此時，他公開提醒股民要留意美國的次貸問題，而此時大規模的次貸危機還遠未爆發。當時，一些股評家曾尖銳地批評李嘉誠「不懂股票市場」，但最終事實證明了孰對孰錯。

比起在金融危機中栽了跟斗的華爾街行家們，李嘉誠的明智並不是來源於任何深奧的理論。恰恰相反，他用了一種過於樸素的語言來解釋自己對於金融危機爆發的認識：「這是可以從二元對立察看出來的，舉個簡單的例子，燒水加溫，其沸騰程度是相應的，過熱的時候，自然出現大問題。」

李嘉誠語錄

> 你一定要先想到失敗，從前我們中國人有句做生意的老話：「未買先想賣。」在你還沒有買進來之前就要先想怎麼賣出去。你應該先想失敗會怎麼樣。我在做任何專案時，都會要用99%的時間去考慮失敗，用1%的時間去考慮收益。

儘管由於長實股份與和記黃埔股價下跌，導致李嘉誠的身家出乎意料地「縮水過半」；但是港交所披露的資料顯示，由於二〇〇七年其在股價高位時將多支中資股及時套現，在很大程度上避免了損失。同樣是出於這種謹慎的做法，當富豪榜上的其他巨擘紛紛因炒作股證而折戟時，李嘉誠的保守更有了些獨善其身的意味。

「持盈保泰」是李嘉誠應對危機的公開策略，「精簡投資」則是其核心所在。

僅從二〇〇七年中資股套現的過程中，李嘉誠便實現回籠資金至少上百億港元。對持有近10年的南方航空，他在2個月的時間裏密集減持10次之多，共減持1.62億股，套現17.02億港元；對中遠控股的6次操作，則使其獲利44.07億港元；25次大幅減持中海集運，則令他套現20億港元。

有人替李嘉誠算了一筆賬，如果李嘉誠沒有進行減持，而依然將這些股份保留至二〇〇八年10月底，那麼他對這3支股票的實際持有價值僅剩不到14億港元，其跌幅高達86%～91%。也正因為如此，雖然一貫強調「做實業」的李嘉誠對於「股神」的頭銜毫無興趣，但是人們依然津津樂道於這騰轉挪移間的「神來之筆」。

「要永遠相信，當所有人都衝進去的時候要趕緊出來，所有人都不玩了再衝進去。」李嘉誠在長江商學院的一次課程上的表述，與股神巴菲特的「恐懼貪婪說」有著異曲同工之妙。《富士比》富豪榜公布後，香港《大公報》撰文指出，富豪們縮水的財富是以股份市值為主的數字，其實質是「虛擬財富」。只有持有現金的人，此時才真正擁有真金白銀。

李嘉誠語錄

流動資金，你一定要非常留意。因為有的公司有了盈利，但是沒有現金流的時候，就會容易撞板。

李嘉誠在經營的過程中極為偏愛現金。「持盈保泰」策略的執行結果是，旗下和記黃埔多達69%的持有資金，以現金形式存放，接近一一九〇億港元。其他主要投資則放在最穩妥的政府債券上，而股票投資所占比重相當之小，企業債券、結構性投資工具和累積期權產品則完全沒有投資。

從二〇〇八年5月開始，李嘉誠便不斷開始拋售其名下的上海地產物業。這一度被業界視為外資看空中國樓市、大舉套現離場的信號。反而是一些觀望者對於李嘉誠的做法看得更為淡定。一項針對這一事件的網路調查顯示，61.9%的網民認為，這是「現金為王」的明智之舉，值得學習。

保持高現金的同時，低負債也是李嘉誠必須堅守的原則。據了解，目前李嘉誠旗下企業資產的負債率僅保持在12%左右。他有一句名言：「我不欠別人一分錢，因此睡覺睡得好。」經濟學家郎咸平的評價是：「也許很多人會說李嘉誠膽子太小了，但我認為穩健才是李嘉誠成功的法寶。」

大量現金在握，正是李嘉誠多次成功實現大手筆投資的關鍵所在。例如，一九七九年收購和記黃埔以及一九八五年買下香港電燈，他都是在極短的時間內調動巨額現金完成的，這令任何一個競標對手望塵莫及。有人揣測，李嘉誠很可能是在等待另一個危機後復蘇期，屆時他肯定會將手頭的「雞蛋」投入更好的籃子。從這個意義上說，今天的「惜金」行為，更像是在養精蓄銳。

李嘉誠語錄

投資環境是否成熟，決定於瞬間的時機把握，既要反對盲目的投資，又要摒棄樂觀的投資。總而言之，要掌控一個度。

幾乎每一次危機，都能夠激發李嘉誠驚人的創富能力。一九九六年的《富士比》全球富豪排行榜中，李嘉誠以106億美元的身家名列香港富豪第三位，居於李兆基家族和新鴻基郭氏兄弟之後；但一九九七年亞洲金融危機爆發後，其財富反而在二年內迅速暴漲，並於一九九九年首次坐上香港首富的寶座。

二〇〇七年出爐的全球富豪排行榜中，李嘉誠的身家比位列第二的李兆基多出50億美元，而次貸危機爆發後，二〇〇八年的排行榜中，兩者間的財富落差已經達到75億美元。在金融危機中，「長和集團」比李兆基「恒基集團」的股價跌幅小得多，因此有人預測，此番博弈之後，兩者的財富差距將進一步擴大。

值得注意的是，就在李嘉誠實行「持盈保泰」策略的同時，他對於增持自家股份的熱情卻與日高漲。二〇〇八年4月至7月，李嘉誠先後10次斥資5.8億港元增持長實股份；9月底至10月初的一個多星期，又繼續投入3525萬港元增持長實股份；10月底，他連續4次增持和記電訊國際股份；11月，又出手增持和記黃埔。

李嘉誠牛年首次出手，依然是繼續增持自家股份。港交所披露的資訊顯示，從二〇〇九年2月3日至6日，李嘉誠三度出手增持長實股份，涉及資金533.275萬港元。幾乎與此同時，李兆基、郭氏家族、鄭裕彤等香港富豪也都採取了同樣的增持策略。有評論者認為，此舉除了攤薄股價下跌帶來的虧損壓力外，也有明顯的提振投資者信心的意味。

6．香港商界奇才馮兩努的成功法則

馮兩努（一九五三～二〇〇八），一九五三年生於中山縣翠亨村，4歲喪父，先後寄居於四個親戚家中，直到14歲才和親母相會。這樣的童年經歷，令他對人生不存幻想。他深信只有咬緊牙齦不求人，才可以衝破限制，跑贏命運的挑戰，主動地掌握了自己的能力和心態，便可以掌握人生。

馮兩努只受過9年學校教育，憑著自修自學自勵自勉，一九七六年，他在加拿大約克大學取得了學士學位。之後，他又通過自身努力成為香港籍著名行銷導師、陌生拜訪之王、縱橫商戰謀略大家、著名商業作家、聞名省港澳的電視節目評論家、高級行銷管理培訓專家、新任香港區議員。馮兩努潛心研究中國歷史，從春秋戰國到清朝，將上下五千年的謀略精華與現代商戰緊密結合，融匯貫通，總結出一套獨到的經營管理謀略，從商業調查、決斷謀略、領導藝術到為人處世、情報資訊、企業兼併，事無巨細，面面俱到。

馮兩努是一位實踐派作家，只寫一些試驗過又行得通的經驗。他為了豐富內容，經常親

自再闖江湖，靠「一雙快腿，一張巧嘴」推銷商品或意念，然後將心得反映到作品裏面，與讀者分享。他自成一格，寫出了近70本沒有框框的書，向不甘放棄的人分享不死的奮鬥心得。下面是推銷大王馮兩努所講述的成功法則。

喜歡自己

相信自己的能力，敢於在顧客面前推銷自己是一個推銷員成功的先決條件。為什麼這樣說呢？很簡單。要是一個人連自己都不信任、不喜歡，怎麼能說服其他人喜歡你及你推銷的產品呢？

而且調查表明，推銷的成敗並不一定完全取決於商品的優劣。為什麼呢？因為除了那些出類拔萃、確有魅力的商品，或是其他商品不可替代的特殊商品（而這種商品實際上是很少的）之外，顧客的購買意志並不由商品本身來決定。

相反地，推銷人員給顧客的印象，往往是促成消費的一個重要原因。顧客中的許多反應，往往是對推銷人員的印象和感觸。如「×先生可真是一位信守合同的人，值得信任」，「×先生人品可太好了，無論何時，我都願意從他那裡進貨」等等。

「因為我認為這件商品好，所以，在沒有接觸過推銷員的情況下，就作為好東西買了下來。」持此種觀點的顧客絕無僅有。

商品本身並沒有長腳。因此要靠長著腳的推銷員把它介紹到市場（家庭）中去。也可以說商品和推銷員應該成為一個統一的整體。使用者在沒有感覺出商品具有魅力之前，若再感受不出推銷員魅力的話，顧客就會對商品無動於衷了。

業績良好的推銷員則永遠充滿自信，內心只有一定會成交的想法，只有一定要讓顧客購買的信念而積極行動。

當然，無論多麼討人喜歡的推銷人員，還是有可能遭到拒絕。拒絕，本身就是推銷的一個有機組成部分，否則，人人都可以成為超級推銷員。所以，一個成功的推銷員還必須習慣拒絕。

習慣拒絕

被顧客拒絕一次，10個推銷員有5個會從此打住；被拒絕第二次，5個人中又會少掉2個；再被拒絕第三次，就只剩下1個人會做第四次努力了，這時他已經沒有競爭對手了。

一位保險公司總經理用「50——15——1」原則來激勵推直員們的堅持不懈的努力。所謂「50——15——1」是指每50個業務電話，只有15個對方有意和你談談，這15個人裏面只有1個人會向你買保單。沒有堅持不懈的精神，哪裡來的良好業績？

美國父親大衛從小培養孩子傑克的生存能力，利用假期讓孩子推銷產品。剛剛開始的時

候，傑克半天拜訪了社區的20位住戶，有17位住戶拒絕了他。這讓傑克很沮喪，不願繼續推銷。大衛於是用手指在傑克胸前畫了一顆星星，然後告訴他，有他這顆星星，每20戶家庭中，就一定有3個人會購買他的產品。

這顆星星讓傑克在推銷的時候有了新的觀念。如果有人拒絕了他，他會很高興，因為說明又有一個不準備接受他的人被淘汰掉了，他剩下的工作就減少了一些，他只需要在餘下的住戶中尋找發球給他的3個人。這個方法讓傑克信心大增。

無論多麼成功的推銷員也都是屢敗屢戰的。只不過，他們的心裏都有這樣一顆星星，讓他們始終堅信，在失敗了99次以後一定會有一個成功。他們的任務只是儘快地完成這99次失敗。

在拒絕中，他們學會了更改的方法，促成自己進步。不斷的進步，不斷的改善，一次又一次的再從頭開始，便有了最後的美好結果。一位生意場上的高手說得好：「一分心血一分財，心血不到財不來。」

推銷就如同打井。同顧客打交道的過程就是不斷地挖掘顧客的購買需求的過程，也是一個磨練耐心的過程。再堅持一次就會成功。這是每個優秀的推銷員都必須擁有的一個信念。

堅持不懈

一九九五年，是紡織業的又一低潮。江蘇中恒集團的王牌推銷員朱余慶，主動請纓出去尋找客戶。在走訪了浙江、蘇南等地的大企業、名企業以後，老朱看中了浙江一大型企業。但是這家企業也不買賬，老朱一連吃了9次閉門羹。但是看著該企業貨物進進出出的繁忙樣子，老朱認定這個「堡壘」就是中恒的利潤「基地」。他毫不退卻，繼續「攻擊」。

一九九六年臨近春節，老朱第十次前往，不巧這個企業領導在開會，他就站在走廊裏等。由於早上沒有吃早飯，中午時分，老朱已經腰酸腿痛，饑腸轆轆，但還是不敢稍離開一會兒，便隨手拿出包裹的麵包啃。恰巧被該企業主管業務的副總經理看到。下午一上班，這位副總經理便去請仍在門外站著的老朱，並感動地說：「這麼冷的天，你在這兒啃冷麵包，也顧不上回家過年，我非常欽佩！」又轉身對其他工作人員說：「做行銷就該這樣，我們都應向他學習。」第二天，該企業便和老朱簽訂了業務合同，雙方一直保持著良好的合作關係。

如果沒有這第十次拜訪，前面的九次都功虧一簣了。

如果你在出門的時候還在猶豫，擔心今天的會面勝算不多，那麼，你真得學會如何去——正面思考。

正面思考

古龍說：「一件事往往有許多面，你若總是往壞處去想，那你就是自己虐待自己。所以你就算遇著打擊也該看開些，想法子捕捉光明的一面。」這其實應該是所有推銷員必須銘記在心的箴言。

這是一個老生常談的故事：│幾年前，在南太平洋上的一個島嶼，來了兩個皮鞋推銷員，這兩個推銷員分別來自A、B兩個國家。A國推銷員看到該島居民，均是光腳丫，於是拍電報：「本島無人穿鞋，我決定明天回國。」而B國推銷員拍了另一張截然不同的電報：「好極了！該島無人穿鞋，是個很好的市場，我將住在此地推銷。」結果，A國鞋廠倒閉；B國鞋廠年增產17%。由此可以看到，看事物看正面，積極地對待每件事情，總是有好處。

失意、沮喪、遲疑、挫折、沒信心、沒希望了、不可能的、失敗、退步、等機會、沒用……請將這些負面的情緒整理打包，丟進垃圾桶裏。

切記沒有人能打敗你，除非你自己。愛默生說：「心理健全的尺度是到處能看到光明的秉性。」當然，一個優秀的推銷員如果只是告訴自己「我可以」、「我能行」、「我必勝」還是不行的。你還必須不斷地總結，不斷的改進，採用更好的方法。所以，你還要學會養成良好的習慣。

養成良好的習慣

有人習慣每天至少打50個業務電話，也有人每天打不到3個；有的人將下班時間定為晚上9點，也有人5點半就想著回家；有的人每天晚上都安排好明天的日程，也有人永遠不知道今天早上該做些什麼……人們在不知不覺中養成習慣，也在不知不覺中造就或阻礙自己，這就是習慣的力量。

每一個人都是習慣的奴隸，一個良好的習慣會使你一輩子受益。如果你是推銷員，不妨問問自己有哪些「成功的習慣」。好的習慣，不要改變並且堅持下去，壞的習慣，當然是越早改掉越好。

有計劃的工作

工作沒有計劃是不可想像的。作為一名推銷人員，誰是你的顧客，他住在哪裡，做什麼工作有什麼愛好，你如何去接觸他……這所有的問題，都必須事先了解清楚。你還要了解行業，了解競爭對手，了解自己的短期目標和長期目標。有計劃性的，有事先準備工作，才能取得最後的勝利。

日本推銷大師尾志忠史，前去向一位同事們屢攻不下的外科醫生推銷百科全書，他事先

對這位醫生做了一番了解，醫生的母親開澡堂，而這位醫生私下對蕨類植物頗有研究。拜訪時不出所料，一進門，醫生就下了逐客令，但尾志一句：「我剛從令堂的澡堂裡走出來，現在正想清清爽爽地與您談一談呢！」這開場白引起了醫生的好感。在交談中，尾志介紹百科全書時帶的就是有蕨類植物的那本，連翻開哪一頁他都預定好了，如此有計劃的耕耘自然又得到一筆訂單。

推銷前作好必要的準備，是推銷高手的共性。但是，這也不等於一定要把推銷過程想得越具體越好，並一定要按照計畫執行。因為事物總是多變的。現場總會出現一些無法預料的情況。所以，一個優秀的推銷員還要學會隨機應變。

隨機應變

當已經準備走進客戶的大門去推銷，這時不能想得太多，所要準備的只是樹立信心和抓住信心。有一位賣地板清潔劑的推銷員到一家飯店去推銷，剛一推開經理室的門，發現先一步已有一家公司的推銷員正在推銷地板清潔劑，而且經理已表示要購買，後進來的推銷員湊過去看了看說：「經理，我也是推銷地板清潔劑的，不過我的產品品質比他的好！」先到的推銷員瞪起眼睛說：「你怎麼見得？」後進來的推銷員將自己推銷的清潔劑往地上一潑，擦了兩下說：「你來試試！」先進來的推銷員呆了，不知道怎麼對付。結果當然不用多說了。

事先必要的思想準備仍是必要的，多設想一下可能發生的情況，多準備一些對策，在推銷時便能自如地運用推銷技巧。但這種準備絕不能限制自己思維活動的想像力，否則這種準備就會起反作用。

不斷地學習

每個人的優點都不盡相同，通常人們只顧欣賞自己的優點，卻忽略了別人的長處。想要成為成功者，最快的方式就是向成功者學習；同樣，想要成為超級推銷員，學習他人的優點也是最快的方法。

日本推銷大師原一平的口號是——「每天進步一點點！」

每天進步1％，一年下來的成果就大得驚人。

原一平認為：「人一旦來到這個世界，就得對自己負責。如何使今天的我比昨天的我更進步，更充實，這是自己人生的責任中最緊要的。」

為了不斷發現自己的缺陷，不斷充實自己，原一平連續舉辦了六年的不足之處和朋友的批評會，還不能滿足他的需求。他渴望更具體、更深入、更廣泛的批評。為此，原一平花錢請徵信社的人調查自己的缺點。

原一平通過他的上級及導師阿部常務董事的介紹認識了小泉校長。他覺得小泉校長的為

人之道是很值得自己學習，便經常抽時間拜訪，聆聽他的教誨。

原一平在50年的推銷生涯中，責罵和批評的意見已漸漸減少，最後幾乎已沒有了。當然，原來一無所有的窮小子原一平，也成了日本億萬富豪。

建立自己的顧客群

一位推銷新手拜訪一位超級推銷員，正巧有業務電話，只見她立即從身後的櫃子裏抽出這位顧客的資料，檔案中完整地記錄了顧客的一切以及每次服務的內容，問她業績為什麼會那麼好時，她順勢拉開檔案櫃對這位新手說：「有了這600位客戶，我還怕做不好嗎？」

要掌握二千萬人，是天方夜譚，但要掌握200人卻不是不可能的。通過廣結善緣的努力認識一千人永遠比只認識10人機會多。從認識進一步成為顧客，顧客還能衍生顧客，逐步建立自己的客戶群，業績就會自然而然地增長。

當然，這是對一個推銷員的基本要求，那就是具備專業的知識。

具備專業的知識

推銷員要具有商品、業務及其有關的知識。「這個功能該怎麼使用？」「你們是否提供安裝服務？」面對諮詢而無法提供完整或立即的答覆，「我再回去查查看。」「這個問題我請經理來跟你說明。」……你的價值馬上被打折扣。

7．華爾街策略大師安迪．凱斯勒：投資高科技股

安迪．凱斯勒是華爾街「明星」分析師，加州Velocity資金管理與投資公司創辦人之一，美國金融暢銷書作家，長期為《華爾街日報》、《洛杉磯時報》、《富士比》等財經媒體撰寫投資專論。安迪．凱斯勒一九九三年後轉入金融投資行業，一九九九年以377％的年收益率創下當年全美排名第四的對沖基金，並在其後成功規避了互聯網泡沫破滅的風險，創造了華爾街的奇蹟。他管理的對沖基金，一九九六年以一千一百萬美元初始規模起步，運作了三年後，資產規模已近10億美元。

一九八〇年，當安迪．凱斯勒剛剛從康奈爾大學電子工程系畢業時，他應該不會想到有一天自己會投身於資本市場。

在貝爾實驗室做了五年的電機工程師後，一九八五年的一天，凱斯勒穿著褐紫紅襯衫、寬鬆長褲前去潘恩韋伯面試。這是當時他最好的行頭，也是當年剛流行的「科技怪胎時尚」裝束。顯然，他的思維慣性仍然停留在貝爾實驗室工作階段，在潛意識裏，他仍然認為自己是一名電機工程師，而不是華爾街半導體行業分析師。

面試後，研究部主管為凱斯勒開出的薪水是他以前的3倍，儘管如此，凱勒斯仍然猶豫不決，在舉棋不定之中，他打電話徵詢一位了解華爾街的朋友的意見，對方怒斥道：「你是個白癡嗎？接受這份工作吧！」

就這樣，26歲的凱斯勒撞進了華爾街的大門。

在最初的分析師生涯中，凱勒斯的表現實在糟糕——儘管華爾街的要求只是在51％的時候作出正確預測即可，但安迪・凱斯勒幾乎全部預測錯了。

在撰寫第一份研究報告時，恰逢晶片行情火熱，凱斯勒卻出人意料地與市場背道而馳，對晶片股給出了「持股觀望」的建議，並在一週後主張「賣出」。

一九八六年的春天，晶片股開始下跌，並且跌到五年來歷史最低水準。這時，曾經備受嘲笑的凱勒斯一雪前恥，那些激烈指責過他的同事開始祝賀他；客戶急不可待地詢問他股價何時才能到底；《華爾街日報》、《巴倫週刊》以及《商業週刊》紛紛採訪他對產業的看法——入行不到一年的凱斯勒成了「當紅炸子雞」。

儘管預測最初讓人大跌眼鏡，但之後的市場反應卻完全應驗了安迪・凱斯勒的分析。他的好運似乎開始到來，先是入選「I.I.排名」，這是《機構投資人》雜誌推出的全美研究分析師排名，代表了在投資者和券商心目中最棒的分析師。之後，獵人頭電話不斷，摩根斯坦利更是開出了高價聘請他。

跳槽後的安迪・凱斯勒，似乎並沒有完全適應摩根斯坦利的工作節拍。在他看來，華爾街正在改變，但研究部門的地位卻在下降，甚至墮落為投行的附庸，為了獲取更多利益，分析師們開始不再堅守自己獨立的分析原則。

一九九三年，安迪・凱斯勒正式告別摩根斯坦利，開始其個人投資者的角色，儘管對於這一切，外界有著不同版本的傳言。但是後來的「大豐收」證明了離開摩根斯坦利，對他來說是個不錯的選擇。

經過一九九七年亞洲金融風暴以及一九九八年全球金融動盪，安迪・凱斯勒手頭的股票幾乎全部升值，有些甚至上漲了近10倍。就連當時表現最差的一些股票也上漲了近一半。

從一九九九年開始，安迪・凱斯勒之前的投資開始有了回報，其基金以377%的年收益率，名列對沖基金排行榜第四。二〇〇〇年後，盈利持續上升。基金規模也由最初的一千萬美元達到了10億美元。

在市場還在飛漲的同時，安迪・凱斯勒又作出驚人之舉，不僅拒絕了送上門的錢，更是逐步賣出持股，將資金還給了投資者。市場再一次驗證了他的長遠眼光，網路泡沫開始破滅，大批投資者血本無歸。

經歷了這一連串的洗禮，凱斯勒堅定了其對科技股長期投資的決心。然而，想要在變幻莫測的市場中撥開迷霧，找到真正有價值的公司，並不是那麼容易。而凱斯勒獨特的判斷工

具不僅給他帶來了豐厚的收益，也將繼續引導他下一步的投資計畫。

「一九八五年的時候，一台電腦很貴，而生產電腦的公司看起來像一個『巨無霸』，什麼環節都做。現在，電腦的成本降下了很多，並且在各個環節出現了不同的公司，如微軟、英代爾、戴爾等，他們產生了一個萬億的市場……」

迷霧之旅的最初，凱斯勒回顧了這一段歷史，在他看來，如果能夠在那個年代撥開迷霧，找到電腦產業的發展方向，那麼將會獲得令人稱羨的收益。同樣，在這個時代，如何在重重迷霧中找到那個有巨大發展潛力的公司呢？

凱斯勒的投資原則看起來很簡單：「規模」、「橫向經濟模型」、「市場邊緣的智慧」和「利潤盈餘」。這些工具常被他用來識別那些有潛力的公司。

在凱斯勒的研究最初，首先看到了網路、多媒體以及影像產業的巨大前景。儘管當時的一些公司還很不起眼，但是他堅持看好其前景，並且長期投資下去。

斯高柏（C－Cube）公司就是其中一例，儘管當時的C－Cube公司業績並不令人矚目，但是其生產的鐳射頭卻是VCD機必需的核心部件，對市場和技術深有研究的安迪・凱斯勒很快意識到財富就在眼前，於是買入大量股票。事後也證明，中國VCD企業的早期利潤，多半被其賺走。類似的事例不斷出現在凱斯勒的投資生涯中。

安迪・凱斯勒投資語錄

(1) 最優秀的投資人不會被股價波動圖或走勢牽著鼻子走，而是要趕在這些曲線的前面，根據自己的觀點預測未來的走向。

(2) 當你考慮長期投資的時候，真正進行投資的就是你的優勢，因為別人不可能事先知道。

(3) 你可以成為一個長期投資者，但是必須不斷地調整你的眼光，以適應眼下即將發生的事。我們也許正處在一個漫長的循環週期之中，就像英國長達一百年的工業崛起一樣漫長。但那並不是說你可以買進、持有，然後到高爾夫球場去待到中午。

8・克里斯・韋伯：25%停損

克里斯・韋伯被媒體譽為「美國股市的『帶頭大哥』」，雖然他沒有取得過任何一個經濟學學位，也沒有在任何一個華爾街機構工作過的經歷，但委託克里斯・韋伯理財的大亨包括了紐約市有名的地產開發商、瑞士億萬富翁和世界數一數二大製藥公司的繼承人，甚至還有美國總統的候選人和美聯儲高官。

一九七一年，16歲的克里斯・韋伯被女朋友拋棄了，他的心情非常低落，加上鳳凰城的天氣熱得可以在馬路上煎熟一個雞蛋，韋伯便待在家裏讀書。此時，他已經閱讀過大部分的歷史書籍和人物傳記，但對資本市場方面的書卻沒什麼興趣。那時正值股市非常不好的時代，股市自從一九六六年開始就持續低迷，沒有人對股票感興趣。韋伯的父親從一九四二年起投資了一家共同基金，正為低迷的熊市而苦惱。

為了尋找另外的投資機會，韋伯的父親讀了一本叫《如何從貨幣貶值中盈利》的書。這本書建議投資者去買金銀以及一些不易貶值的硬貨幣，比如瑞士法郎。但他沒這麼做，仍然把大部分資金都投入了股市，只留下很少的資金在那本書裏面提到的其他投資方式。

這時韋伯也開始讀《如何從貨幣貶值中盈利》，這本書讓韋伯了解到什麼是貨幣，以及貨幣如何發展得最好。而此前一本叫《如何在金幣中獲利》的書也讓他了解到，金幣的故事其實就是文明繁榮與衰落的故事，以及到底是誰擁有了黃金，並且黃金從來都是從衰落的國家流動到成長中的帝國的。

當暑假結束的時候，韋伯已經忘記了甩掉他的那個女孩，並被貨幣這種「神祕的知識」完全迷住了。他意識到，美元相對於黃金、瑞士法郎和德國馬克的匯率會降低。這時，他開始思考關於全球貨幣體系的問題。實質上，國際貨幣體系在一九四四年到一九七三年之間，給予美國政府能夠印刷可以跟黃金一樣被廣泛接受的貨幣的權利，這項特權沒有其他任何國家曾經擁有過。

韋伯幸運地趕上了這個時機，也幸運地處在變化中的城市。他跑到當時亞利桑那州的州長JW的辦公室裏，紅著臉告訴他關於黃金的想法，州長笑著同意他的觀點，並建議說：「繼續持有你的黃金。」

韋伯跑到銀行，取出他靠送報紙省吃撿用攢下的650美元。當時，美國公民持有黃金是違法的，但是可以擁有錢幣或者稀有的金幣。他第一次買這種錢幣時，只用了12美元（不到1盎司黃金）。

這一年的8月15日，尼克森總統突然宣布，在工資和價格控制下，準備關閉「黃金視窗」，剪斷了黃金和美元最後的聯繫，國際貨幣體系開始陷入混亂，美元對其他強勢貨幣的貶值真正開始了。在那年12月，尼克森正式宣布美元貶值，相對黃金貶值了8.5％。

韋伯在那天晚上的廣播裏面聽一個交易員Rene談到了槓杆作用，以及如何通過保證金用1美元買到4美元的黃金。

沒過多久，韋伯手裏就有了差不多二千枚Old British Sovereign。

就在一個月後，黃金價格開始掀起風暴，到二十世紀70年代末的時候，達到800美元1盎司，Old British Sovereigns漲到快300美元／枚，差不多是韋伯最初購買時價格的100倍。

這是韋伯第一次從投資中嘗到了甜處。從此之後，他與投資便結下了不解之緣。

二十世紀80年代早期，韋伯把全部的投資都放在美國國債上，其中一半是3個月的短期債券，一半是長期債券。

幸運的韋伯在一九八〇年4月遇到了一位債券投資專家，這位專家和他說了一個很奇怪的現象，就是那時長期債券和短期債券的利率都在漲，而且短期債券的利率上漲得更快，這種現象是不能持久的。當時美國的短期債券利率已經達到了20%，與銀行拆借利率水準相當。而當時的長期債券利率只有13%。這位專家對韋伯說：「美聯儲正在想方設法解決高通脹的問題，一旦超級通貨膨脹得到控制，短期債券和長期債券的利率就會下跌。而且短期債券的利率會比長期債券利率跌得更快，也就是三個月國債的價格比長期國債的價格漲得快。」

在這位專家的指點下，韋伯做起了國債期貨騎牆交易，買多短期期貨的同時，賣空同樣數量且同月到期的長期期貨。那時美國還並沒有任何一位投資人從事過這種同一時間買賣同一金融產品的交易。

隨後而來的一九八〇年5月，卡特政府果然出手打壓通貨膨脹，並且力度很大。於是韋伯的這筆交易在4週內，從400美元飛速漲到了4400美元。他的這一投資震驚了金融界，使得替韋伯操作該交易的證券公司在此後20多年裏，一直將此作為經典案例向新晉的金融從業人員和投資者講訴。

之後國債便成為韋伯投資組合裏面非常重要的一部分，他持有了大量的二〇〇四～二〇〇九年到期的美國長期國債，回報率大約在10％左右。

當然，克里斯・韋伯的投資之路並非始終一帆風順，他也曾經有過摔跤的經歷，不過幸運的是，他的摔跤非常早——因為摔跤早，那時本小，損失不至於太大，但卻能汲取寶貴的教訓。

一九七四年的8月，韋伯的一個朋友在聽了他在黃金投資上的吹噓後，慷慨地拿出二萬五千美元委託其理財。韋伯把這二萬多美元的全部，都砸在了黃金期貨上。

但就在緊隨其後的2個禮拜內，黃金的價格下跌了12％～15％。

更鬱悶的是，那年19歲的韋伯還沒學會停損與控制風險這樣的概念，他選擇了加倉，最後的結果當然是——爆倉。

多年之後，韋伯在回憶這段歷史時，他說：「太糟了！30多年過去了，我仍能感覺到這件事對我的刺激！我和這位朋友最後一次通電話時，他問我：『韋伯！你還能想出更好的主意嗎？』」

韋伯也很快從這次慘敗中總結出了寶貴的經驗，之後的每一次投資之前，他都會問自己：「我所做的這一項投資的最壞可能是什麼？」永遠把最壞的可能在投資前就想出來，並

形象化。

一九九九年，一位投資人給了韋伯更好的建議，並且強化了他在上述失敗中總結出的經驗，那就是無論市場處在多麼複雜的情況，也無論你的內心有多麼貪婪，永遠在資產最高價或買入價的向下25%處，設置你的停損點，全部退出。韋伯後來將這一規律總結為「跟蹤停損」。從此以後，克里斯・韋伯再也不靠他那引以為傲的第六感進行投資了。

這時候韋伯也開始從他做投資的父親的教訓中繼承一些經驗。他的父親和他一樣在二十世紀70年代開始持有金幣，但他父親並沒有退出，而是將金幣一直持有到了二〇〇一年，最後不得不在金價觸底的時候賣出，損失了一大筆錢。韋伯告訴自己：「絕不能在一個長達20年的熊市裡，一直幻想持有的某一種資產價格會反彈。」

韋伯有很長的一段時間住在佛羅里達州，那裡有很多大資本家和富翁，網路泡沫興起的時候，這些人幾乎都進入了市場，於是有人問韋伯對高科技市場的意見，當時他給的意見只有一句話「25%停損」。於是這個人就把自己資產的一半按照韋伯的意見來操作，在市場下跌了25%的時候全部退出了。而另外一半卻持有到了二〇〇二年。

一九九二年，韋伯從《哈佛商業評論》上讀到現代管理之父、「大師中的大師」彼得・杜拉克的一篇文章。在這篇文章中，杜拉克非常準確地判斷出世界生產基地正從歐美等發達國家轉移出來，轉移到中國和南亞等國家和地區。這番言論引起了韋伯強烈的興趣，於是一九九二年年末，他親自飛往可倫坡驗證杜拉克的判斷。

到了亞洲，韋伯大吃一驚，他看到亞洲的經濟正在飛速發展，投資機會比比皆是。但是聰明的韋伯卻看到，亞洲國家和一些地區的基礎設施建設非常不完善，公路、水源、電力設施和通信跟不上經濟發展的腳步。於是韋伯大膽地投資了亞洲的基建股，其中最成功的股票就有香港的合和實業。

在一九九五年韋伯沽出基建股時，有人問他：「是市場不好了嗎？」他回答道：「其實我沒有一個明確的退出機制，我只是覺得已經賺了足夠多的錢了！足夠後半輩子的生活！」

克里斯・韋伯三大投資策略

(1) 當任何一種資產價格遠離其200日均線時，就是開始回到平均值的時候。

(2) 任何一個高風險投資，都不要讓它占超過你全部資產的5%～10%，最好保持在2%。

(3) 制定退出策略，一般設置為上下25%左右。

9．「債券天王」比爾．格羅斯：戰勝市場先要戰勝自己

太平洋投資管理公司（Pimco）是全球最大的債券基金公司，其總收益回報基金（Total Return Fund）在成立至今的20多年裏，年均收益回報率達9.5％，即使是在華爾街一片哀聲的二〇〇八年，也依舊取得了4.8％的收益率，這樣的戰績使其在投資界聲名赫赫。

比爾．格羅斯（Bill Gross）正是這支基金的幕後統帥，有著華爾街「債券天王」之稱的資本高手。作為全球業績第一的基金經理，格羅斯管理著超過七千九百億美元的資產，第一個跨進了《富士比》雜誌最具影響力商界領袖行列。

「債券天王」初長成

格羅斯出生在俄亥俄州一個普通家庭，18歲時，他以優異的成績考取了美國杜克大學心理系。大學期間，內向、好強是同學對於格羅斯的總體評價。有一次，在朋友的鼓動下，他與人打賭——從三藩市跑到加州卡梅爾。結果，當格羅斯跑到最後八千公尺時，他的一個腎臟已經破裂了，但他還是堅持跑。最終，他用6天跑完了200公里，不過，當到達終點時，格羅斯立刻被送進了醫院。

大學畢業那年，格羅斯經歷了一場嚴重的車禍，他的頭部受到重創，不得不被送到醫院接受植皮和腎臟治療。在醫院的日子是無聊的，為了打發漫長的治療時間，格羅斯隨手翻起了《打敗莊家》一書，越看越上癮。該書教人用記牌方式在21點撲克牌遊戲中獲勝的道理，這大大激發了格羅斯的興趣，當翻完最後一頁時，格羅斯的頭腦中蹦出了一個大膽的念頭——「為什麼不去賭城試試書中的理論？」

大學畢業後，格羅斯直奔賭城拉斯維加斯。他每天用16個小時專門研究書裏的紙牌賭博理論，並根據書裏的理論，結合大量實踐，獨創了一套獲勝的方法。

四個月後，最初的200美元本金被格羅斯變成了1萬美元。對於人生中這段特殊的賭博經歷，格羅斯後來饒有趣味地評價：「拉斯維加斯教會了我可以通過艱苦工作獲得自己的理論，以及讓我學會忍受一般人難以忍受的枯燥，對我來說，這些都是最有意思的東西。」六個月後，格羅斯應徵入伍，在越南服役2年期滿回來後，格羅斯用當初賺到的一萬美元到UCLA大學進修和完成了MBA學位的學習。

畢業之後的格羅斯很想成為一名股票基金經理，但他最後只收到一份工作聘書——在太平洋投資管理公司當一名債券分析師。格羅斯找到了公司的老闆，申請成立一個小型債券基金——Pimco基金，最終公司規劃了一千五百萬美元給他管理。

格羅斯沒有辜負老闆的信任，4年後，他掌控的資金已經從一千五旦萬美元增加到了

四千萬美元。到一九八七年，Pimco基金管理的資產上升至200億美元。二○○○年，德盛安聯資產管理集團出價33億美元收購太平洋投資管理公司，同時與格羅斯簽訂了一份價值四千萬美元的5年薪酬合同。而Pimco基金在接下來的近20年時間內長盛不衰，平均每年獲得9.5%的收益，不僅大大超過了當時市場公認的雷曼指數，也遠遠跑贏了別人。

格羅斯的投資策略

格羅斯在創建Pimco基金時提出了一個衡量給予投資者回報的核心尺規：總收益概念，即債券投資經理作為投資者的代理人，不僅要為投資者掙取債券的利息，更應掙取一切可以掙到的資本利差。這種投資理念可以說是格羅斯投資哲學的精粹，體現了忠實於投資者和對投資者高度負責的價值觀。

在投資能力方面，格羅斯認為，有效的債券投資應是兩種能力的結合——宏觀經濟分析能力與市場交易能力，缺乏其中任何一種，在債券市場上就會如沒有羅盤的帆船。實際上，格羅斯長期優秀的債券投資業績，就在於其對長期經濟形勢與週期性經濟形勢的準確把握。在幾十年的債券投資生涯裏，格羅斯基本上都能超前地意識到債券市場的變化，提早構建與調整其債券投資組合，而且也總能在第一時間覺察到短期內週期性經濟因素的影響，從而抓住市場波動的瞬間，或兌現其收益，或控制風險，從而將利潤放大到極緻。

至於市場交易能力，格羅斯提醒投資者必須堅持長期投資的理念。在一篇題為《刺蝟與狐狸》的文章中，他引用古希臘詩人阿爾基洛科斯的格言——「狐狸懂得很多，但刺蝟知道一個大道理」——以闡述自己的投資風格。格羅斯將市場比作狐狸，不斷追蹤進入視野的最新東西，而將自己比作刺蝟，緊盯著長遠的大事。

也許正是立足於長遠，在具體的投資活動中，格羅斯始終堅持保守和穩健的投資策略。「債券是一個長期的借條，而有穩定的利息支付，當利率上漲，債券價格回落，你能更好地計算出債券返還而得出的利率，但是，債券經理人不得不計算出什麼將使美國和世界利率改變，因為債券管理真的是一個不能有絲毫差錯的遊戲，債券經理不得不計算出什麼投資能夠產生出百分之幾的產量而沒有太大的風險」，格羅斯總是這樣告誡著他的團隊成員。

風險是格羅斯反覆向投資者強化的因素，為此，他會及時提醒投資者要對未來數年的回報率有心理準備。針對美國目前的經濟走勢，格羅斯告訴投資者，較好的投資品種是高品質的企業債，銀行優先股或者金融機構的優先股。同時，格羅斯建議投資者目前不要買美國債券，他認為其他任何投資工具都要較國債有吸引力。這是因為預期經濟增長速度加快，將推高債券的利息，從而導致債券價格的下跌。

格羅斯成功的另一個不二法則是借用科學的投資分析工具。他非常推崇數學，他相信，在變化莫測的債券市場中，有一種必然性的因素，那就是數學的精確。把所有債券的平均到期日帶入一個數學公式裏，就可以看出在段持續時間內，利率浮動對債券的影響。這是一種簡單的衡量風險的辦法。債券期限時間越長，它隨著利率的波動而波動的幅度就越大。正是如此，格羅斯高薪聘用了14個數學博士編寫數學程式，計算未來趨勢的各種風險，然後再根據風險程度，分散投資到公債、公司債和各種衍生性金融商品上，從而將市場風險置於精確的控制之中。

與許多基金經理只會埋頭做市場完全不同，格羅斯非常注意處理與政府的關係。在給客戶的電子郵件中，格羅斯多次直白地表示，太平洋投資公司的觀點非常簡單——與政府攜起手來。他坦承：「我們不僅要為Pimco公司創造利潤，還有更遠大的目標。我們在美國乃至全世界範圍內高效地配置資金，完成資本的使命。」

也正是如此，就在美國國會實施「兩房」拯救方案而需要市場援助時，格羅斯慷慨地拿出了真金白銀；同樣地，在白宮向市場發出對美國銀行和高盛進行救助的信號時，格羅斯也挺身而出。也正是格羅斯堅持在「與山姆大叔攜手」的框架下行走，Pimco在二〇〇八年年底獲得了一份美國聯邦政府的合約，成為4名機構管理人之一，共同管理美國總額五千億美元的抵押貸款債券組合。而在此前的二〇〇七年10月，Pimco還成為商業票據融資基金的管理人之一。更值得格羅斯炫耀的是，Pimco還替美聯儲管理著總額為2510億美元的商業票據專案，為美國公司提供短期貸款。Pimco早已不是一個單純的債券基金公司，它已儼然演變為美國政府調節信貸市場的「友好夥伴」。

戰勝市場要先戰勝自己

從洛杉磯往南驅車約1小時路程，就可以到達太平洋投資管理公司總部——Pimco。Pimco的辦公環境非常儉樸，它佔據著一棟商業樓的第三層，60多位投資經理擠在不到400平米的交易廳內。交易室左邊，就是格羅斯的辦公室，一個14平方米不到的小房間。在格羅斯的辦公室裏，懸掛著一副巨型人物肖像——傑西・利維摩爾，畫像的旁邊還有利維摩爾的一句名言，「有許多東西是投資者必須抗拒的，其中最必須超越的就是他自己」。

利維摩爾是歷史上最有名的投機客，他從一個號子裏的擦黑板小弟起家，發展為叱吒華爾街的金融大亨。他在交易中賺取了無盡的錢財，一生中經歷了八次大起大落，但落幕淒涼，一九四〇年，自殺而亡。格羅斯在大學期間主修心理學，他認為，利維摩爾是一個不折不扣的心理學大師，「利維摩爾說起來像認識你一樣。在你理解市場之前，你必須一開始先了解自己特定的弱點和怪僻。」

格羅斯始終以利維摩爾為自己的偶像，並將利維摩爾的名言作為自己投資決策的「護身符」。在他目前出版的唯一一本書《道聽塗說投資之錯》中，他這樣分析道：「投資市場，就像全世界最大的金礦，這個金礦天天開門，每個人都可以進場一窺究竟。然而，當某天結

束的鈴聲響起，總是有人從乞丐變成王子，或從王子變乞丐。關鍵只在於——誰能戰勝自己。」

格羅斯之所以反覆強調利維摩爾的「戰勝自己」理念，就是因為他認為，「人類的天性在某些時刻會使機構或制度失靈」，而正是那些情緒的衝動、魯莽的決策和鼠目寸光的短視，才使越來越多的華爾街投資老手虧損，並使其多年辛勞換來的美名一朝湮滅。

作為修煉「戰勝自己」意志力的一項重要活動，格羅斯過去30多年時間裏堅持從每天早晨8點半開始用1個半小時練習瑜伽。格羅斯將瑜伽視為自己的天堂，有很多最好的想法就是他在倒立練瑜伽時想出來的。格羅斯從不掩飾對於瑜伽的熱愛：「我離開辦公室，離開喧囂的環境，離開彭博資訊的大螢幕——還有呢，倒立也增加了大腦的血流量。在做了約1個多小時的瑜伽之後，靈光就會突然閃現。」

格羅斯對於工作非常專注，他每天練完瑜伽後從來不去別的地方，而是徑直回到辦公室，身板挺直地坐在交易台前，眼睛紋絲不動地盯著電腦螢幕。除了給妻子打電話之外，格羅斯每天只打三四個電話。他沒有手機，也不用掌上電腦，他的解釋是，「我工作時不想受到外界的干擾，我希望與世隔絕。」——或許這正是履行「戰勝自己」理念的重要表現。

10．億萬富豪曹仁超：把準趨勢，追漲殺跌

一九四七年，曹仁超出生在上海。一九五〇年，朝鮮戰爭爆發，國際形勢變幻莫測。為了「避風頭，看形勢」，祖父安排曹仁超一家前往香港。但是，香港並沒有為曹仁超帶來幸福，幾年後，父親中風，半身不遂，在曹仁超11歲時，父親病故。曹仁超祖父本來是英美煙草公司在中國的總代理，是大上海一個買辦。

國民黨撤退台灣時，祖父選擇了留在上海。祖父是一個思想老派的人，擔心兒媳婦帶著家產嫁人，收回了曹仁超父親在香港的股票。所以，曹仁超雖常被稱為「貧民窟走出的股神」，但其本來是出生於一個富裕的家族，只是造化弄人，使得曹仁超崛起於市井弄巷。

父親去世後，母親帶著3個兒女和1萬元存款開始艱難的生活。母親把家搬到了工廠林立的香港土瓜灣，又找了份工作，省吃儉用供三兄妹讀書。

曹仁超後來回憶說：「家裏的錢不能有絲毫浪費。那時我們每天只能花5毛錢，幾乎每餐都是一碗鴨血、半斤豆芽、兩塊豆腐，只有週六才能享受一份人間美味——荷包蛋。」

曹仁超發達後，常有富豪約他吃飯。但如果要去高檔法國餐廳吃鴨血，曹仁超則笑著說「打死都不去」！

因為貧窮，曹家常遭別人的白眼。據說，曹家鄰居阿嬸丟了一枚金子，不分青紅皂白就說是曹仁超偷的。後來金子找到了，她也不道歉，反而對曹仁超說：「你那麼窮，偷東西是遲早的事！」

高中畢業時，曹仁超曾老實地說自己的志向就是「賺大錢」，結果引來了同學們哄堂大笑。曹仁超受不了這種遭人輕視的生活，中學畢業後即闖蕩社會，在一家紗廠開始了打工的日子，隨後又轉到假髮廠。

二十世紀70年代的香港，工廠勞動條件非常艱苦，曹仁超常常要在攝氏40多度的高溫裏光著膀子、穿著大褲衩幹活，蹲在地上吃盒飯，掙取勉強維生的薪水。曹仁超常常在不經意間覺得，這樣在工廠裏上班永無出頭之日。

在工廠打工期間，曹仁超結識了一位讓自己動心的女孩，他對女孩說：「我現在開始追你，追到娶你為止。」女孩被打動了，答應做他的女朋友，但條件是他不能在工廠做工，要找一份穿西裝的體面工作。

愛情的力量確實是偉大的，得到女孩的允諾後，曹仁超做了轉行的打算，隨後，經朋友介紹，他成了一家證券公司的學徒，從擦桌子、打開水做起，月薪220港元。為了實現自己「賺大錢」的抱負，一天的工作結束後，他還兼職幫別人打英文信，一封信4港元，每天打5封。就這樣，他一年下來存了五千港元。

當存了一定本金後，曹仁超盯上了股票市場，一九六九年，他用五千元買股票，3年下來，賺了28萬港元。曹仁超回憶說：「那時候交易制度不健全，買進後可以立刻賣出，但2週後才須交割款項。我往往在買進1小時後賣出，就能賺錢，最高曾經同時握有100萬港元的股票，但其實手上只有一萬塊現金。」

在股票市場如魚得水之時，曹仁超遭遇了潛在的危機。一九七一年，他結識了一位華人探長，剛好這位探長收受了不少賄金，正在尋求洗錢通道。探長讓曹仁超幫他洗錢，開出非常優厚的條件，除了數10萬港元的年薪，還贈送他豪宅跑車。曹仁超同意與探長合作，成立了一家投資公司。

曹仁超為人洗錢的事情被母親知道後，母親非常生氣，罵他說：「教出你這種不肖子，我要跳樓自殺！」

曹仁超被母親一罵，頭腦也清醒了，他連夜找到那個探長要求辭職。但探長兇相畢露，堅決不允。後來雙方約在酒樓談判，探長帶著幾名彪形大漢前往，指著曹仁超說：「你永遠別想脫身！」

曹仁超不知怎麼辦才好，正在危急之時，曹母卻走進來，手握菜刀大吼道：「不讓他退出，就砍死你們！」

探長沒想到會碰上這樣的場面，一時愣住了。多虧母親的誓死相救，曹仁超終於脫身離開。從此，他把這件事作為終身教訓，告誡自己要一輩子腳踏實地做事。

除了在投資市場屢有斬獲外，在另一個領域，曹仁超也逐漸累積了可觀的資本。當時，曹仁超供職的證券公司有很多年報，這些年報都是英文的。曹仁超英語很好，經常拿報表看，從而了解了很多有價值的資訊。於是和客戶交談時，他就能為客戶順利解答許多問題。日子一長，他開始想到，為什麼不把這些問題寫成文章發表出去呢？這樣既可以幫助更多的人，自己也能掙稿費。

於是，他開始給報社投稿，最終得到《明報晚報》編輯林山木的賞識。曹仁超記憶力極好，對財報中的資料過目不忘。林山木很驚訝，說他是「超人」，於是給他起了筆名曹仁超，意為「超人曹」。

林山木後來開創了香港最好的財經報紙《信報》。幾年後，曹仁超追隨而至，入股5％。之後，林山木的政經專欄和曹仁超的「投資者日記」專欄成為《信報》的兩大品牌欄目。不過，收之桑榆，失之東隅，在這期間，曹仁超投資股市卻遭遇兩次慘痛的失敗。

一九七一年，中國恢復聯合國席位，曹仁超判定這是大好時機，當時他已經擁有20多萬港元資產，又借了20多萬元港元，全部投入，沒想到三個月就虧得只剩下8000港幣。

遭遇平生最大打擊，曹仁超倒還沉得仕氣。他的理念是：明朝再來過。趁年輕搏一把，反正身家也不大。

結果一年多之後，曹仁超運氣重來，身家漲到50多萬港元。那時候香港普通人每月薪金只有300港元。

但是，賠也好，賺也好，當時差不多全是蒙的。他覺得這樣不行，於是定下心學習，讀了很多關於股市技術分析方面的書籍。

然而，人算不如天算。長了知識，掌握不了世界形勢。不久，中東石油危機爆發，全球經濟衰退，恒生指數由1775點狂跌至150點，跌幅達91.55％。

當時他選中和記企業，從每股8港元開始一直加倉，不料竟然跌到了1港元。曹仁超投資的50萬港元變成了10萬港元，所在公司也破產了。

那天晚上他漫無目的地徘徊在海邊，差點兒想自殺。等到次日早晨回家時，母親和妻子眼淚汪汪地看著他。當時曹仁超發誓，在自己的有生之年，再不容許同類事件發生。

幾經股市磨難後，曹仁超總結出了投資制勝的方法——「把準趨勢，追漲殺跌」。新的思路讓他獲得了豐富的回報。一九九七年香港回歸之前，曹仁超看好香港房地產，購入大量地產股，最終贏得30倍以上的回報。

在挑選股票時，他獨創了「牛眼投資法」。他認為，在把握市場大趨勢的前提下，挑選在一段時間內具有潛力的行業，再從中挑選升幅潛力較大的二線股。理論上，5年內只要射中牛眼6次，每次獲利100％以上，就算最初只有萬元本金，也可以獲利百萬元。

曹仁超還認為要學會停損。他說：「停損也許會錯過了賺大錢的機會，但是它令你不會再一次失去大部分的財產。」還要會「追漲」，即是不要輕易言退，只要堅持就能賺取最大利潤。

有一次，他從媒體上看到胡錦濤支持造船業，就在1元的價位買了中華造船業股票，結果賺了2倍。之後他很開心地離開，但後來發現離開早了。因為如果繼續持有，他可以賺大約25倍的利潤。

在曹仁超看來，投資股市如同打仗一樣，先要做好調查，看準大趨勢，並制定戰略，充分運用技術分析和基礎分析，再配合眼前形勢，臨危不懼，方能勝出。

「只要按我的方法行事，任何人都可以賺到1個億。」曹仁超有時這樣說。

但他也說過：「不要把我當成『股神』，神在天上呢，我只是順勢而為。」、「我所講的投資方法未必適合你，不要照搬。」

曹仁超的理財經

(1) 好的開始是成功的一半，進入股市前，必須要有周詳的計畫，不靠匹夫之勇，更不靠運氣。

(2) 投資之前，要謹記「狠、忍、準」三大要訣，事前分析大勢，形勢有利時，進攻要狠，形勢不利時要忍。

(3) 我認為只有身家過億的人才有資格分散投資，散戶一定要集中火力，才有機會賺大錢，把雞蛋放在太多籃子裏，很容易手忙腳亂。

(4) 投資者永遠要記著「買什麼、何時買、買多少、何時賣」，要麼賺100%以上，要麼便15%停損離場。所謂兵貴神速，股市用兵應速戰速決，有機會便全力進軍，在最短時間內賺取最大利潤。

(5) 我就是一個散戶！沒有研究團隊，不認識莊家大鱷。

(6) 閱讀財務報表也是成功投資者必做的功課，我覺得財務報表與武俠小說一樣精彩，因為其背後是一家家鮮活的公司。當你把看書、閱讀財務報表當做一種習慣，就離成功投資者很近了。

(7) 如能找出正確的投資領域，其他一切便變得簡單容易了。

(8) 有人把自由看做比生命還重要，想實現財務自由，不付出努力，指望購入資產、長期持有便能一勞永逸，無異於癡人說夢。

(9) 世間財富分配永遠是二八分化狀態，要想成為那20%，就要勇敢地抓住趨勢，在不斷實踐中取得成功。

(10) 我主張趨勢投資，也是盡力發揮性格上的優點：熱愛求知、是非分明。但我做

事欠缺精細、故寧願捕捉經濟與行業大勢，絕不強求自己選股能力勝人一籌。巴菲特處事精細，不理會市況去投資，因為他有選股的大智慧，所以他的投資哲學未必適合你我。

11．恒大掌門人許家印：財富是幹出來的

許家印，目前他頭上的光環有「廣州恒大集團恒大地產董事長」、「一個靠八年積累迅速擁有120億元資產的民營企業家」、「第一個登上中國內地首富『寶座』的河南人」、「全國勞動模範」、「中國十大慈善家」……

這個恒大掌門人何以成長為今日的地產大佬呢？許家印自述：「富豪榜是評出來的，可是我的財富是幹出來的。」

一九五八年，許家印出生於河南太康。這是一個全國有名的貧困縣，10年倒有9年澇（大水），當地人常常以外出討飯為生。幼年的許家印，母親早逝，家境十分貧寒，依靠父親節衣縮食供他念書，常常面臨輟學的窘境。印象中最刻骨銘心的是自己經常帶饅頭到學校上課，可不到3天饅頭便長了毛。

生活的艱辛沒有使許家印放棄求學的信念，反而堅定了他「知識改變命運」的決心。在

親友的扶助下，許家印發憤讀書，恢復高考（大學入考考試）後第一年，就以優異的成績考上武漢鋼鐵學院（現武漢科技大學），並學有所成。

一九八二年，許家印大學畢業被分配到河南舞陽鋼鐵公司工作。在工廠的10年，從小技術員做起，歷任車間主任、廠長等職，並獲得冶金部頒發的高級經濟師職稱。

一九九二年，鄧小平的南巡講話讓許家印察覺到新的機遇，毅然放棄了鐵飯碗，到深圳去創業。已經做到廠長的職位，對於想創業的許家印來說似乎資歷是夠了，但他還是決定先給人打工，再尋求機會。

一九九二年，他到了人生地不熟的深圳，自己做了將近20份簡歷，每份簡歷有30多頁，東奔西跑三個月，卻石沉大海。後來許家印重新做了10餘份只有2頁的簡歷，這招果然奏效，很快就有好幾家公司的老總約他面試。

在幾家大公司的盛情邀請下，許家印最終和一家連鎖商店的老總簽了約，「看中了它的發展前景和可提供鍛鍊自己的舞臺以及老闆的才智和膽略。」

就這樣，許家印從商店的業務員做起，踏實、肯學、勇於開拓創新的他，很快成為這家公司的辦公室主任。其果敢、大氣的作風為老闆所賞識，他還和老闆成為要好的朋友。

一九九五年年底，已是這家公司總經理的許家印，面臨人生最大的一次機遇。老闆派他進軍廣東的房地產業。創業的艱辛難以想像，一個司機、一個出納、一個業務員，一個只有

3個員工的公司成立了。沒有辦公費用，他就找朋友借了10萬元。為了節省開支，他們就在郊區租了一間民房辦公。公司沒有資金、項目，他們就四處打廣告，找客戶，經過不到三個月的努力，他們終於找銀行貸到了二千萬元的啟動資金。經過不到一年半的努力，這家房地產公司已成為廣州地產界小有名氣、頗具規模的地產公司。

有過這兩次為老闆創業的經歷，自己的創業起家自然就輕車熟路了。當人們看著許家印10年創造的驚人財富時，其實並不知道他用了14年的時間歷練自己獲得財富的本領。

一九九六年，許家印再次作出了他人生中的重大抉擇：他放棄了在原公司中的高管職位，向老闆提出了辭職、自己去創業的想法。

許家印開始了他的第三次創業。公司在成立之初只有七、八個人，他沒有從原公司帶來一分錢，其創業之初的拮据是可想而知的。但他依然充滿信心。在前五年職場生涯所積累的經驗和自信是他最大的資本。他深信自己有克服困難、創造奇蹟的能力。

一九九七年，亞洲金融危機爆發，廣州的許多房產公司縮手縮腳，不敢貿然投資開發樓盤。許家印審時度勢，覺得這正是大顯身手的時候。他想法籌集鉅資，以「短、平、快」的策略，以「環境配套先行」的理念，迅速出擊，攻佔市場。恒大成立之後的第一個地產專案——金碧花園就這樣橫空出世了，一上市就以其「高標準起步，低價位入市」的行銷策略，迎合了人們在特殊時期裏的消費心理，創造了一天之內便進賬億元的銷售神話。

公司上下，一片歡騰。但許家印沒有被這旗開得勝的喜悅衝昏頭腦，他靜下心來，開始考慮一個長久以來一直纏繞在他心中的問題，即企業內部的建制問題，以及公司一系列的長遠發展規劃。他十分清楚，一個公司要想恒久、持續地發展下去，必須有一個好的團隊與一套好的機制，否則便難以逃脫一般小企業五年的宿命劫數。

想儘快跨越公司管理的瓶頸，談何容易。許家印一方面總結自己的管理經驗，另一方面認真思考，同時還閱讀了大量的中外管理書籍，吸收了現代的經營理念和管理經驗，摸索出一套屬於自己的發展模式。

金碧花園首期開盤成功之後，恒大又連續開發出了金碧花園2~5期，使金碧花園成為名噪粵海的「中國著名城鎮化社區50佳」。恒大一鼓作氣，又成功開發了金碧華府、金碧御水山莊、金碧灣等10多個案子，創下了同期開發的驚人紀錄，創下了中國房地產開發的一大奇蹟。

在巨大的商業成功面前，許家印沒有妄自菲薄，他始終清楚企業家的頭號敵人其實就是自己，因此許家印一直在摸索和嘗試著更科學的管理方式。在恒大，許家印很早就建立起了董事局、決策委員會、經理層三級管理體系，也正是這種管理體系的確立，才使恒大在重大決策上一直保持著科學、穩健的姿態。

房地產業是高風險、高投入的行業，它會受很多諸如社會環境、宏觀政策等因素的影響，如果要投資一個項目，其利潤率達不到預先估算的那一個點，那麼這個投資可能就會失敗。恒大在做每一項投資時都相當慎重，考慮得也相當周全，從不打一槍換一個地方，片面地追求短期利益，而是以誠信為本，以社會、企業和社區「三位一體」的「恒大文化」來打造「精品工程」，並以服務到位的物業管理贏得人心。

「我沒有祕訣，如果算得上祕訣的話，就是恒大模式，而恒大的基礎就是誠信。」許家印所說的「恒大模式」，一是戰略決策，科學穩健；二是規範管理，機制創新；三是計畫管理，高效運作；四是人力資源，固本強基；五是企業文化，吐故納新。這看似簡單的五點，其實涉及商業運作的各大環節，它幾乎道出了一個企業所應該關注的一切問題。這可能是許家印的智慧所在，也是恒大不同於一般企業的所在。

許家印創立恒大集團六年後，入主「瓊能源」，將其更名為「恒大地產」，實現了借殼上市的夙願。二〇〇三年，許家印又將旗下廣州花都綠景房地產開發有限公司90%的股權置入「恒大地產」，先後成功開發了一系列的超大型樓盤，獲得空前成功。同年，恒大在南海之濱投資建設了年產量一千萬噸的大型現代化鋼鐵基地，擁有國際一流的先進設備，採用了世界上最先進的熔融還原技術。首期200萬噸生產線順利投產，實現產值規模近200億元。鋼鐵對恒大來說，不僅僅是一個產業，更是恒大立志挺進世界500強而布下的重要一著棋。

二〇〇六年，他進入胡潤百富榜，排名第十位。談起富豪榜，許家印看得很淡，他說：「對富人排名，我無所謂。富豪榜是評出來的，可是我的財富是幹出來的。我不知道他們怎麼評的，當然我也不會阻止別人去評。」

12．樂安居董事長張慶傑：永遠在尋找商機

一九六八年，張慶傑出生在潮陽縣港頭村——那是一個連稀飯都吃不飽的地方，人均不到四分地。作為家中的老大，張慶傑剛讀完小學就輟學賣水果幫補家用。一九八七年春節，聽村裏外出打工的人說，深圳的錢比較好賺，於是不到20歲的張慶傑告別家人，踏上了深圳的淘金之路。

張慶傑在去深圳的路上，和同伴約定，等賺到5萬元錢，就回去蓋房子，因為在家鄉蓋一棟房子，大概需要三、四萬元。可以說，蓋一棟房子便是他那時候出來打拼的最終目標。

初到深圳後，張慶傑和同伴在現在深圳書城所在的小山坡上，租了以前部隊廢棄的一間水泥瓦房。當時，張慶傑手中僅有的就是一輛舊單車和賣水果賺來的700元錢，在此資源基礎上，張慶傑在深圳幹回了老本行——賣水果。

來深圳的第二天凌晨5點，張慶傑踩了3個小時的單車，到南頭拿香蕉到人民橋小商品市場賣。當時，深圳的香蕉很多都是用藥泡熟的，等不了2天就會壞掉。張慶傑由於最初不

懂行情，幾乎天天都有很多香蕉賣不完爛掉了。

一個月下來，賣水果的收入平均一大只有幾塊錢，剛夠交房租，連糊口都成問題，更不要奢談賺錢蓋房子了。

雖然賣水果營生沒有為張慶傑帶來多少收入，但卻間接為他貢獻了其他生財的機會。在賣水果之餘，張慶傑時常和周圍的潮州老鄉聊天，但他不是閒聊，而是希望能夠從中找個賺錢的門道。有一次，一位老鄉無意中說起深圳有很多當地村民到香港種菜，每天都會捎回一些味精、無花果等時髦商品，在深圳很好賣，利潤也不錯。

張慶傑敏感地意識到這是一個賺錢的好機會。於是，他那部舊單車上馱的貨品，由香蕉換成了各種時髦的港貨。每天，張慶傑一人早就出門，到村子裏挨家挨戶收購無花果、襪子、阿婆衫、西褲這些商品，然後又趕緊騎到人民橋的小商品市場去賣。

由於向村民收購時必須付現金，而且還必須用港幣，張慶傑手中本錢少得可憐，每次現金換回的貨，不到一個小時就賣完了。為了解決資金問題，每天早晨天還沒亮，張慶傑就在口袋裏揣上頭天換來的港幣，趕到村裏向村民收購貨品，然後又騎上那輛舊單車，到人民橋小商品市場把這批貨賣出去，隨後又把剛剛賺來的現金換成港幣，再到村裏向村民收購。

那真是一段辛苦的日子，張慶傑每天都是從早忙到晚。經常在別人開始睡覺了，他們才做晚飯。不過，功夫不負有心人，一九八七年年底，張慶傑終於賺到了來深圳的第一桶金——1.6萬元。

賺到了第一桶金後，成了萬元戶的張慶傑，沒有把錢拿回去蓋房子，而是投入一項新的事業——擺地攤。

張慶傑在人民橋小商品市場混熟之後，發現那裡最好賣的是服裝，而自己收購港貨天天來回跑，還不如在市場內租一個地攤賺的錢多。

但是，二十世紀80年代末的特區，人民橋小商品市場裏各家的生意都火得不得了，沒有人願意租一片地方給他。在一家經營手錶的商店，張慶傑和店主軟磨硬泡了一個星期，店主終於答應以400元／月的價格，租一塊地方給他——這個來之不易的檔口不足半平方米，剛夠擺一個裝河北鴨梨的紙箱子——儘管如此，張慶傑依然興奮非常，因為這是他的第一個攤位，在他的意識裏，他感覺自己好像是個沒有家的人，終於找到了一個遮風擋雨的地方。

張慶傑通過市場調查，發現款式時髦的西褲是市場上走貨最快的商品之一。於是，他便在那個紙箱上開始了服裝買賣的生意。為了儘快地賺錢，張慶傑每天都是從早忙到晚，晚上去廠裏拿貨，早上7點就開鋪了。

這個鴨梨箱大小的地攤雖小，卻是張慶傑事業真正起步的地方，一家、兩家……過不久，他已經在東門、人民橋等這些深圳繁華的小商品市場，擺了十多個地攤。那段時間，張慶傑奔波於南海、廣州、汕頭等地，四處進貨。

一九八九年，儘管已經稍有積蓄，在家鄉人眼中張慶傑成為一名小有名氣的「萬元戶」，但他還是不敢亂花錢。張慶傑當時所租住的水泥瓦房沒有煤氣，不捨得用酒精爐燒水沖涼，在2年多的日子裏，他都是用冷水洗澡。

張慶傑是個有心人，隨時在尋找身邊的商機。一九九七年，在服裝生意利潤下降的時候，張慶傑逐漸轉行了。「隨著資本積累到一定程度，你就要發現一些新的行業，這行業是在你的本錢控制範圍內，同時又能夠使資本增值的。」張慶傑如是說。

一九九七年，看到珠寶和小家電的生意很好做，很多到深圳的遊客，都喜歡到沙頭角買相機、黃金項鏈等商品，於是，張慶傑便在沙頭角做起了珠寶生意。二〇〇〇年，他又以980萬元拿下了賽格廣場的幾間鋪位。

張慶傑是一個審慎的商人，每次進入一個新的行業，他都要經過詳細的市場調查，否則絕不涉足。二〇〇〇年，他在南山找到一塊約2萬平方米的地，本想做百貨超市，但那時南山大批樓盤都還沒建起來，顯得很荒涼沒人氣，不適合做超市，其他行業又不太熟悉。最後，他調查了一下，發現南山還沒有一個大型建材市場，周圍又有大量樓盤在建，覺得建材市場應該很有潛力，於是乾脆決定自己做建材超市。

在18年的創業歷程中，張慶傑頗為得意的一點是，自己很少做虧本生意。最失敗也是唯一一次損失慘重的生意，就是在股票市場——當年他投資一千萬元進入股票市場，如今只剩下不到700萬元。

「到處都有商機，但是要去研究才能捕捉到。」這是張慶傑多年來總結的另外一條生意經。現在，除了出租物業、經營建材商場，張慶傑的投資項目中又新增了一條：從拍賣中尋找商機。

因此，每到星期三，張慶傑無論多忙，都要抽出時間研究報紙上的拍賣公告。拍賣讓張慶傑尋到了另一個商機，通過購買拍賣的房產，他獲得了不少的收益。一九九七年，他通過拍賣公告提供的資訊，以五千元／平方米的價格，拍下了鹽田區政府所在地前的幾個店鋪，現在那裡的市價已經達到了每平方米一萬多元。

現在擔任樂安居董事長的張慶傑，每次開車走深南大道路過深圳書城大廈時，總會習慣性地看一眼這個建築，注目一下這個自己來深圳的第一個落腳點，緬懷一下在水泥瓦房裏住了2年的痛並快樂著的時光。

賣水果出身，擺過地攤，賣過手機，投資過商鋪，直到今天，擁有了上百個物業和一家大型連鎖建材超市，張慶傑豐富的致富經歷，正佐證了他的那句創業格言：隨著資本積累到一定程度，你就要發現一些新的行業，這個行業是在你的本錢控制範圍內，同時又能夠使資本增值的。

13．盛賢集團董事長范桂賢：夠膽才能贏市場

與大多數企業家的履歷一樣，盛賢集團董事長范桂賢也是個白手起家的商界人物，他從5元開始起步，發展成今天執掌超過20億元資產的集團企業的民營企業家。

關於自己的成功，范桂賢曾說：「生意投資就跟炒股一樣，要夠膽入市、夠膽拋出。」正因為這樣的膽識，他買下的專業市場物業，9年多來價值翻了2倍以上。

范桂賢在其13歲小學剛畢業的時候，父親正值退休之年，父親不願意因自己退休而失去國家職工的名額，便硬是給兒子加大2歲，讓兒子頂職上班。

雖然成了公務員，但范桂賢很快就明白，在清新縣的小單位，任憑自己如何努力，也不過是父親的翻版。

這時，剛好遇上改革開放，范桂賢便萌生了改變命運的願望。一九七八年的一天，范桂賢懷揣著5元人民幣從清新縣起步，到廣州投靠親戚，走上了其充滿傳奇色彩的創業之路。

范桂賢最初做過電器推銷員、開關廠推銷員，後來在南海開了一個水產貿易部，批發鹹水魚，賺了一筆錢，後來又回廣州經營凍肉，又賺了一筆錢，從而為其創業積累了第一桶金。雖然已經在市場上賺了錢，但范桂賢始終高興不起來，因為那時候他每天騎著自行車提

貨、發貨，購銷海鮮凍肉，范桂賢認為這種事業起點太低了。

范桂賢開始謀劃更遠大的前程，二十世紀80年代初，范桂賢看準機會，投資開辦了一家五金廠，生產銷售電器開關。不久後，他又開辦了一家電線廠，生意做得紅紅火火。一九九五年，他用多年的積累在清遠開辦了三個加油站，並購置了最先進的美國加油機。范桂賢也從個體戶升級為民營企業家。

二十世紀90年代，國家提出了建立批發市場。范桂賢意識到政策背後蘊藏的商機，於一九九六年成立了廣州盛賢投資有限公司。關於這家公司的未來規劃，范桂賢將其定位成高檔批發市場，而不是一般的批發市場。因為范桂賢始終堅守這樣的理念：做市場也要夠膽，要有超前的眼光，否則很容易被後來者超過。

二〇〇〇年，范桂賢在全國率先做起了攝影器材城。隨後，他又創建了盛賢紡織布藝城、盛賢數碼電器城、盛賢大沙頭舊貨市場、登雲天下玩具文體展貿城等多個專業市場。

而與大部分專業市場經營者租物業做市場的方式不同，范桂賢是買物業做市場。雖然每個場地都要花上過億元資金的投資，與租場相比，范桂賢要承受很大的壓力。但范桂賢更在乎其中的「得」：自有物業能給客戶信心，有利於招商，客戶不用擔心做旺了可能要被趕走的問題。

關於這種投資眼光，多年以後，范桂賢說道：「買物業是我成功的重要因素。因為沒有了租金成本的壓力，我可以慢慢地放水養魚。此外，9年來，我的物業資產價值也翻了2倍以上。這有如賭博，賭注越大，贏的話，回報也越大。」

當談及范桂賢，人們總是會對他的膽識嘖嘖稱道。二〇〇八年年初，范桂賢耗資5億元買下荔灣區一個3萬多平方米的裙樓，決定做玩具批發市場。而當時，李嘉誠的廣州國際玩具城做了多年卻一直旺不起來。而且，沒過多久，金融危機爆發了，玩具業首當其衝成為影響最大的行業之一。

但這些都沒有嚇退范桂賢，他堅信自己的眼光，始終沒有改變最初的定位，因為他認為一旦定下來，就不能變來變去，否則會讓客戶失去信心。

結果，金融危機反而給了他機遇，很多玩具品牌轉而拓展國內市場，高檔次的商場成了香餑餑；而國家為了拉動內需出臺了多項政策，包括降低貸款門檻和降息等。

由於有這樣的膽識和堅持，被質疑的項目首期有3萬多平方米經營面積的一層，一下子就全被租滿了。

范桂賢的理財心得

(1) 生意投資就跟炒股一樣，要夠膽入市、夠膽拋出，不要思前想後，時機很重要，但是稍瞬即逝，容不得你觀望。

(2) 一定要對自己的能量有認識，要量力而行，而且要專一。

(3) 做生意口碑很重要，信譽好的人，很多人會願意幫忙。

14．「亞洲糖王」郭鶴年：四面出擊　奮鬥不懈

從白糖、酒店、房地產、船務、礦產、保險、傳媒到糧油，郭鶴年創建了一個龐大的商業王國，也創造了無數的奇蹟。從某種意義上說，他可能是除了政治領袖外，最廣為人知的馬來西亞人。身為馬來西亞首富，郭鶴年先是享有「亞洲糖王」的美譽，後來又有「酒店大王」之稱，是名副其實的商界「兩王」。

郭鶴年的祖籍在中國福建福州。他的父親郭欽鑒於一九〇九年飄洋過海來到馬來西亞，從店員做起，後來自己開了家咖啡館。經過數年努力，創辦了以經營大米、大豆和糖為主的東升公司，家境日臻富裕。

郭鶴年是郭欽鑒的幼子，他從新加坡萊佛士學院學成畢業後，便給經營白糖及米糧買賣生意的父親做幫手。一九四八年，郭鶴年在新加坡創辦了主營輪船航運的船務公司，這成為他的創業之始。

郭鶴年在20餘歲便能創業，固然與他出身富裕有關。然而，個人的膽識、才能以及超強

的判斷力和永不停歇的精神，才是他日後征戰商海、名震四方的根本要素。

創立公司不久，父親郭欽鑒病故。郭家經過開會後，決議組建郭氏兄弟有限公司，並一致推舉博學多才的郭鶴年出任公司董事長。就這樣，年紀輕輕的郭鶴年接過重擔，正式成為家族的「掌門人」。

為進一步發展事業，郭鶴年專程去英國做市場調查，並學習商務知識。在倫敦，他對糖業的經營做了全面深入的調查，對糖業的貿易狀況也瞭若指掌。

回到馬來西亞後，郭鶴年將事業重點放在糖業經營上，並創辦了馬來西亞第一家製糖廠。他看準時機，迅速建立遍佈馬來西亞全境的銷售網，形成「原料——加工——銷售」的「一體化經營」體制。他順利向政府租借到大片土地，開墾成甘蔗種植園，大大增加了原料來源。在盯著糖業生產的同時，郭鶴年還關注著銷售市場的情況。他大膽決策，趕在世界糖價上升前，大舉在國際市場收購白糖，並投資糖期貨貿易。所有的這一切，都為他贏得了豐厚的利潤，為他日後擴大經營提供了資金保證。

到二十世紀70年代，在國際市場上每年上市的一千六百萬噸糖中，郭氏企業集團控制了10%左右。在馬來西亞的糖業市場上，郭氏企業則占到了80%的份額。郭鶴年成了名副其實的「糖王」。

在挖到了糖業這第一桶金之後，郭鶴年並沒有止步。他躊躇滿志，在生意場上四面出擊。借助於世界和馬來西亞經濟發展的良機，靠著與政府、工商業界融洽相處的良好氛圍，郭鶴年全面擴展著他的經營領域。

郭鶴年投資建立了麵粉廠，並迅速發展成為馬來西亞最大的麵粉加工企業。

一九七一年，郭鶴年與新加坡經濟發展局合資建成了新加坡第一家豪華大酒店——香格里拉大酒店。之後，先後在吉隆玻、曼谷、漢城、中國香港、北京等大城市興建、經營酒店，在亞洲太平洋地區擴張，打造香格里拉酒店品牌。到目前為止，在中國內地，就已建了近20家香格里拉酒店。

郭鶴年在其他方面的經營也非常出色。到二十世紀80年代，郭氏集團除在馬來西亞擁有眾多企業外，在新加坡、泰國、中國、印尼、斐濟和澳大利亞等地也打下了一片天。

郭氏集團經營的業務極為多樣化，涵蓋糖業、糧食、工業、種植、航運、礦產、房地產、國際貿易、酒店、保險、證券、建築等行業，幾乎無所不包。二十世紀90年代，郭鶴年將觸角伸向傳媒及影視業。他以鉅資收購香港英文報《南華早報》、香港無線電視等香港重要媒體，從而使他多了個「傳媒大亨」的美譽。

《南洋商報》曾評論郭鶴年是一位「名重國際、富甲一方」的企業家。郭鶴年名下的玻璃市種植、拉曼錫礦、聯邦麵粉、彩虹產業、香格里拉等公司的股票在新加坡及馬來西亞的股票交易所掛牌。一九八五年，他在北京投資建造中國國際貿易中心，開始了他在中國的大規模投資。人們對郭氏產業最為熟悉的應該是香格里拉大酒店，而北京最高級的商業大樓國貿大廈、嘉里中心的主要投資人，也是郭鶴年。如今不少中國家庭都熟悉的金龍魚食用油，也是他旗下的產品。

郭鶴年在企業上的卓越成就，使他獲得一九八五年馬來西亞最傑出企業家獎，在公眾心目中確立了他國際性企業家的地位。

除巨大的財富外，郭鶴年還擁有超凡的個人魅力。他有令對手心悅誠服的本領，而且非常和藹可親。郭鶴年身邊的人都說：「他是一位真正的紳士。」

郭鶴年不喜歡頭露面，不愛宣傳招搖，也從不炫耀自己的財富，而且生活節儉簡樸，作風平易近人，處處體現出他那地道的紳士風度，不但贏得了他的朋友、下屬的尊敬，乃至對手的一致稱讚。

郭鶴年不計名利、無私奉獻的精神在「馬華控股」事件中得到了鮮明的體現。「馬華控股」是馬來西亞華僑組織——馬來西亞華人公會（簡稱「馬華公會」）創辦的一家大型企業集團，其股東、合作社社員、存款者達30萬人之多。由於管理不當，一九八五年時出現嚴重虧損，舉國關注。生死存亡之際，郭鶴年為了華僑廣大股東的切身利益，出任馬華控股董事會主席。他走馬上任後，籌資償還了全部債務，並勵精圖治，使「馬華控股」很快出現生機，渡過了難關。

儘管已到了含飴弄孫的年齡，但郭鶴年對事業的熱情仍然不減。俗話說，人生七十古來稀，但在郭鶴年看來，九十歲才是古來稀，所以81歲的他仍然寶刀不老，就像動畫片中的大力水手一樣，總有使不完的勁，其「創業宜趁早，拓業不怕老」的創業精神廣受讚譽。

一九九二年，郭鶴年宣布退休，將其事業交給他的兒子們。不過事實上，他是退而不休，仍然擁有郭氏集團的最高決策權，尤其是在對中國內地與香港地區的投資方面。在北京、香港、天津、深圳、福州等地，人們依然可以看見郭鶴年忙碌的身影。

「企業家都有一種使命感。賺錢當然是最重要的工作，可是，當獲得大量金錢後，使命感便會油然而生。沒有使命感，一個人很快便想到退休，每天在高爾夫球場出現。」郭鶴年如是說。他年屆81歲仍然奮鬥不懈，便是基於這種信念：「做生意有如逆水行舟，必須不斷向前划；否則，一停下來便可能倒退。因此，我們不能停下來，必須不斷向前，不斷尋找各種機會。」

第五章

大多數富人都勇於創業

創業並不是成為富人的必要條件，如果你有一個知人善任、雄心勃勃、具備較強市場洞察力的老闆，如果你身處一個十分有前景的行業，如果你確實在目前的工作中表現出較強的適應性和發展潛力，即使不創業，你也很可能成為一個富人。

但是，若前面所述的那些「如果」不是既成前提，你的致富之路也許就要走得頗為坎坷了，甚至沒有到達終點之日。正是基於這樣的憂慮，很多的富人在成為富人之前，毅然邁向了創業之途……

1．30歲＋3筆錢＋631比例＝創業自己當老闆

一九六六年，王傳福出生在安徽無為縣一戶尋常的農家，最初，王傳福度過了無憂無慮的童年時光。然而，初中時，王傳福經歷家庭變故，從此變得沉默寡言，開始一心向學，逐漸養成了堅強忍耐的性格。

一九八七年，21歲的王傳福從中南工業大學冶金物理化學系畢業，進入北京有色金屬研究院。在攻取碩士學位期間，王傳福把所有的精力投入到電池研究中去。僅僅五年後，26歲的王傳福就被破格委以研究院301室副主任的重任，而此時，一個促使他從專家向企業家轉變的機遇從天而降。一九九三年，研究院在深圳成立比格電池有限公司，因為和王傳福的研究

領域密切相關，他順理成章地成為公司總經理。

南下「主政」的王傳福非常興奮，當時，國內電池產業隨著行動電話的「井噴」方興未艾，一部普通「大哥大」動輒數萬元，一塊電池賣到數百元。敏銳的王傳福心動眼熱，準備大幹一場。

一九九五年2月，試水三年但成效甚微的王傳福決定辭職單幹。向表哥呂向陽借了二百五十萬元錢後，王領著20個人在深圳蓮塘的舊車間敲敲打打，成立了日後風光無限的比亞迪科技有限公司。

王傳福創業初期正值二十世紀90年代中期，那時候，日本充電電池一統天下，國內的廠家多是買來電芯做組裝，利潤少，幾乎沒有競爭力。基於此，王傳福從一開始就把目光投向技術含量最高、利潤也最豐厚的電芯生產，一九九三年，他從一份國際電池行業動態中得知，日本將不再生產鎳鎘電池，這將引發鎳鎘電池生產基地的國際大轉移。他立即意識到這是中國電池企業的一個黃金機會，決定馬上生產鎳鎘電池。

然而，對於動輒千萬元的生產線，苦於無資金支持的王傳福一籌莫展。當然，王傳福沒有服輸，他乾脆憑藉技術，自己動手做關鍵設備，然後把生產線分解成一個個可以人工完成的工序，這種半自動化半人工化生產線所具備的成本優勢成為他日後商戰無往不利的「尚方寶劍」。比亞迪公司很快打開了低端市場。公司成立的當年，他就成功賣出了三千萬個鎳鎘電池。

現在看來，王傳福敢想敢幹，當斷則斷的作風為他的成功增添了砝碼。香港風險投資公司匯亞集團董事兼常務副總裁王幹芝說，「王傳福是我見到少有的非常Focus的人，他大學學的是電池，研究生學電池，工作做的還是電池。」

選擇充電電池是這樣，從上馬鋰電池項目摧垮包括東芝、松下、索尼等巨頭在內的電池業「日本軍團」，到選擇香港H股上市乃至力排眾議入主秦川汽車實現「電動汽車之夢」，王傳福都表現了「捨我其誰」的獨到眼光。

在鎳鎘電池領域站穩腳跟後，不甘寂寞的王傳福又開始了鎳氫電池的研發，並從一九九七年開始大批量生產鎳氫電池。新項目立竿見影，這一年，比亞迪公司鎳氫電池銷售量達到一千九百萬個，一舉進入世界前七名。

二〇〇〇年，王傳福不顧他人非議，毅然投入鉅資開始了鋰電池的研發，很快擁有了自己的核心技術，並於該年成為摩托羅拉的第一個中國鋰電池供應商。二〇〇二年，比亞迪高歌猛進，銷售收入達到25億元，利潤6.58億元。王傳福則晉身當年《富士比》中國大陸富豪榜第41位，其苦心孤詣構建的「電池王國」初具雛形。

從不名一文的農家子弟到身家億萬元的集團公司總裁，從26歲的國家級高級工程師、副教授到飲譽全球的「電池大王」，可以說，王傳福用自己的智慧、精練和汗水書寫了青年創業的神話。如果你也想成為類似神話的主角，便不能自甘做一個平庸無常的上班族，而應做好萬全準備啟動你的創業之旅。

王傳福自主創業時的年齡為29歲，從某種意義上說，30歲左右正是創業的最好時光。因為這個年齡大概已經工作7～8年，對職場有一定的了解，而另一方面，30歲也正處於職場瓶頸期，你開始憂思，目前的工作是自己可以一直做10年、20年、30年直到退休的嗎？所以人生上了30歲之後，為了老有所依，便需要去思考現在所做的工作，是不是你未來一輩子的人生事業了。

舉日本的例子來做借鑑。日本企業之前講求的是終身聘用制，但在這樣的神話被打破之後，現在的日本企業甚至變本加厲，要求員工提早退休。於是員工可能到45歲時，就會面臨被迫退休的命運。

45歲被迫退休的時代來臨，可是那正是你人生的精華時期、正是你子女要用錢的時期、正是家庭經濟負擔最重的時期，那個時候卻告訴你必須面臨退休。所以人人都要思考所謂的人生二次曲線，那種可以一份工作做到退休的時代已經過去了，你應該要種下一粒創業的種子在你心裏。如下是一些關於創業的寶典。

三筆錢和631原則

很多人想創業，但又不敢創業，因為怕風險。你所負擔的不但是財務的風險、機會成本的風險，另外還有付出生命的風險（你的青春歲月）。但創業風險真的很高嗎？幾乎人人都買過股票，臺灣一個證券戶平均投資130萬元在股市裏面，可是投資在創業的資本額平均卻只有80萬元。散戶買股票可以賺錢的只有3％，但是你自行創業的成功率卻有20％的機會，三年之後仍舊能存活在市場上。如果加盟創業那就更另當別論了，三年後仍存活在市場的機率高達八、九成以上。

我們之所以不敢創業，是因為沒有做好資產配置，很多人一開始就把所有資金投入創業，其實創業是跑馬拉松，不是跑百米，很多人以跑百米的精神去創業，才會造成創業的風險變高。如果你做好資產配置，懂得去算所謂人生的三筆錢，風險是可以控制的。

第一筆錢是安家費，也就是留下一兩年的家庭開支；第二筆錢是要把老本留下來，可以用在儲蓄或穩當的投資上，如績優股、房地產或基金；第三筆錢也就是扣除以上兩筆錢之後，可以稱得上為閒錢的錢，這筆錢才可以拿去投資創業，如果賺了可以提早享受人生，如果賠了也不會立刻影響到生活。

另外，針對創業的資金也要做好管理配置，把握631黃金比例：將資金分為10等分，其中

6等分放在開辦成本、3等分放在營運費用、最後1等分則是緊急準備金。

同時一定要寫營運計畫書。營運計畫書不是寫給銀行看的，是寫給你自己看的，因為這是在做沙盤推演，把所有會碰到的問題預先想過一遍，做好萬全的準備，而不是想到什麼就馬上去做，直到把錢花完才怨千金難買早知道。

30歲，創業黃金時代

30歲創業剛剛好，同時也是創業的巔峰時期，因為30歲是一個黃金的年代，正好累積了創業所需的三項資本：金錢資本、歷練資本、管理資本。30歲從大學畢業算起已經工作了七、八年，因此也存了一些錢，如果家裏又支持提供資金的話，其實已有很大一筆創業資金。同時，由於在職場工作過一段時間，學會了如何當一個員工，就可以當好一個老闆，已經悟出一定的管理能力。當這三種資本都聚集於一身，就是創業的最佳時機。

比起其他年齡的人口，30歲在創業時有一項獨特優勢，就是積極的態度。30歲的人具有強烈的事業心，因此很有衝勁、懂得主動出擊，並且反應力強、學習能量旺盛，不像四、五十歲的人，比較保守且是守株待兔的態度，欠缺執行力也不容易傾聽學習。然而相對地，30歲在創業上的弱勢就是容易躁進，因為心太野、太衝動而經常眼高手低，不服輸的個性也容易誤判市場情勢。

面對成敗做好準備

因此，30歲第一次創業的人，一定要做好資金配置的工作，看管好自己的資本額，並且透過專業的諮詢擇定創業的產業，同時擬好營運計畫書之後，就要務實、專業地操盤下去。而在30歲就創業成功的人，一定要學習守成的功夫，不要因為一點甜頭而又躁進、擴大投資，任何下一步的投資，都還是要從資金配置、專家諮詢、營運計畫書的程式來穩紮穩打。

此外，如果你在30歲慘遭創業失敗，第一要學習的就是與失敗共處，一定要反省自己所有錯誤的步伐，並且要學習在情勢不可為時便設定停損點。許多年輕的創業失敗者，普遍是因為缺乏管理能力，也就是他們在本業、專業上很厲害，但是欠缺企業管理的知識和技巧，如成本控管、人事領導、產業經營等，因此這時要累積企業管理的能力，以備東山再起。

關於創業的25個真理

1．做你真正感興趣的事——你會花很多時間在上面，因此你一定要感興趣才行，如果不是這樣的話，你不會願意把時間花在上面，就得不到成功。

2．自己當老闆。為別人打工，你絕不會變成巨富。老闆一心一意地縮減開支，他的目標不是使他的職員變成有錢人。

3．提供一種有實效的服務，或一種實際的產品。你要以寫作、繪畫或作曲變成百萬富翁的機會可以說是無限小。而你要在營造業、房地產業、製造業發大財的機會比較大。記住，出版商賺的錢比作家多得多。

4．如果你堅持要由自己的靈感來創業，最好選擇娛樂業。在這方面，發財的速度相當快，流行歌曲和電視最理想。

5．不論你是演員或商人，儘量增加你的觀眾。在小咖啡館唱歌的人，所賺的錢一定比不上替大唱片公司灌唱片的人，地方性的商人，不會比全國性的商人賺得的錢多。

6．找出一種需要，然後滿足它。社會越變越複雜，人們所需要的產品和服務越來越多，最先發現這些需求而且滿足他們的人，是改進現有產品和服務的人，也是最先成為富翁的人。

7．要敢於採用不同的方式——新的方法和新產品，會造成新的財富。但必須確定你的新方法比舊方法更理想，你的新方法必須增進產品外觀、效率、品質、方便或者減低成本。

8．如果你受過專業教育，或者特殊才能，充分利用它。如果你燒得一手好菜，而要去當泥水匠，那就太笨了。

9．在你著手任何事情之前，仔細地對周圍的情形研究一番。政府機關和公共圖書館可以提供不少資料，先做研究，可以節省你不少時間和金錢。

10．一直都想著發大財不如想想如何改進自己的事業。你應該常常問自己的是：「我如何改良我的事業？」如何使事業進行順利，財富就會跟著而來。

11．可能的話，進行一種家庭事業。這種方法可以減低費用，增進士氣，利潤的分配很簡單，利潤能夠得到充分的利用，整個事業控制也較容易。

12．盡可能減低你的費用，但不能犧牲你的品質。否則的話，你等於是在慢性自殺，賺錢的機會不會大。

13．跟同行的維持友誼——他們可能對你很有幫助。

14．儘量把時間花在你的事業上。1天12小時，1星期6天，是最低的要求，1天14～18小時是很平常，1星期工作7天最好了。你必須犧牲家庭和社會上的娛樂，直到你事業站穩為止，也只有到那時候，你才能把責任分給別人。

15．不要不敢自己下決心。聽聽別人的讚美和批評，但你自己要下決心。

16．不要不敢說實話。拐彎抹角，只會浪費時間，心裏想什麼，就說什麼，而且要盡可能地直截了當地、明確地說出來。

17．不要不敢承認自己的錯誤。犯了錯誤並不是一種罪行，犯錯不改才是罪過。

18．不要因為失敗就裹足不前。失敗是難免的，也是有價值的，從失敗中，你會學到正

確的方法論。

19·不要在不可行的觀念上打轉。 發現其某種方法行不通，立即把它放棄，世界上有無數的方法，把時間浪費在那些不可行的方法上是無可彌補的損失。

20·不要冒你承擔不起的風險。如果你損失10萬元，若損失得起的話，就可以繼續下去，但如果你賠不起5萬元，而一旦失敗的話，你就完蛋了。

21·一再投資，不要讓你的利潤空閒著。你的利潤要繼續投資下去，最好投資在別的事業或你控制的事業上，那樣，才能錢滾錢，替你增加好幾倍的財富。

22·請一位高明的律師——他會替你節約更多的金錢和時間，比起你所給他的——將要多得多。

23·請一位精明的會計師，最初的時候，你自己記賬，但除非你本身是個會計師，你還是請一位精明的會計師，可能決定你的成功和失敗——他是值得你花錢的。

24·請專家替你報稅。一位機靈的稅務專家，可又替你免很多的稅。

25·好好維持你的健康和你的平靜心靈——否則的話，擁有再多的錢也沒有什麼意思。

2．通過貸款獲得第一桶金

你可能不知道華若中，不知道他的無錫興達泡塑新材料有限公司（以下簡稱「興達集團」），不知道他們的主要產品叫可發性聚苯乙烯樹脂（EPS），但當你拆開電視機、電冰箱等家電，或者精密儀器、玻璃器皿等易碎品的包裝時，你說不定就是華若中的客戶——包裝箱裏作為緩衝性物品的泡沫塑料就是興達集團主要產品EPS的一種，還有另外一種則用於建築和絕熱材料行業。

資料顯示，興達集團的「錫發」牌系列產品在國內市場佔有率達35％以上，也就是說，每三個包裝箱中，就至少有一個使用的是華若中公司生產的泡塑材料。

二〇〇七年，華若中的公司實現銷售收入近80億元、利稅額達2.5億元。位列中國民營企業500強的第88位。二〇〇八年，即使面對金融危機，興達集團也依舊排在了富士比中國頂尖企業榜上的第94位。

回顧這位「泡塑大王」的創業史，可以發現，華若中起步時的門檻並不高。一九九二年1月8日，已經42歲的華若中依靠銀行的20萬元貸款成立了無錫縣興達泡塑材料廠。在此之前，他是當地鄉鎮企業的廠長，只有中學程度，不具備任何化工領域的經驗。而他起步的第

一桶金，也是來自銀行的20萬元貸款。

一九九二年，無錫縣興達泡塑材料廠興建，該廠的年產能為三千噸。正如華若中所料，興達泡塑材料廠的產品與進口產品的價格優勢在一開始便顯現出來。一九九二年，興達的客戶蜂擁而至。產量從三千噸擴大到一萬噸，仍供不應求。一九九二年，投產的第一年，興達便實現了盈利。一九九四年，以20萬元起家的華若中已有能力投資二千三百萬元，建設了占地50餘畝，年產能3萬噸的新廠。

一九九五年年底，興達成為國內規模最大的EPS專業生產企業。

斗轉星移，僅僅過了十幾年，華若中的資產已今非昔比。昔日靠20萬元貸款和一塊地起家的鄉鎮企業廠長，成為了一個年產值超過80億元的集團的董事長。最初只是為了「不進口」目的產品轉而開始出口。如今的興達集團，做到了該行業裏的國內第一，全球第二。

隨著企業的發展，華若中已不僅僅是當初的農民企業家，也不單單滿足於企業的低價戰略。一九九八年，他首次前往印度新德里學習，並在此後開始研究國際的先進技術。阻燃型聚苯乙烯樹脂國家專利的取得，最終奠定了興達在業內老大的地位。

奠定行業地位之後，興達開始了一些收購擴張的舉動。一直在一個行業勤勤懇懇的華若中，擴張也絲毫沒脫離自己的主營業務。二〇〇五年，興達集團在常州成立了江蘇誠達石化工業有限公司，又出資收購了常州緊鄰誠達公司同樣生產EPS的企業——常州明諦樹脂有限公司的大部分股權，從而使興達在常州的年實際產能擴張到目前的32萬噸，實現產值約45億元。二〇〇六年，興達投資8億元在廣東惠州成立了年產18萬噸級的惠州興達石化工業。此後，華若中便暫時停止了國內的佈局擴張。

虎父無犬子，華若中的兒子華嘯威在自己的家族企業裏也發揮了不小的作用。一九九九年，南京理工大學畢業的華嘯威做了一名員警，在27歲便成為錫山市刑偵大隊二分隊指導員後，華嘯威開始自主創業。

二〇〇四年，華嘯威借款在無錫成立了無錫三強鋼構新型建材有限公司，當年的銷售收入達到七千萬元。二〇〇五年年底，華嘯威加入興達集團，作為副總經理負責整個公司的進出口業務，同時兼任興達子公司江蘇誠達石化有限公司董事長。

在華嘯威的促進下，興達泡塑新材料和南京理工大學共建高分子聚合發泡材料工程技術研究中心。而他負責的出口業務也業績不俗。二〇〇六年，興達外貿出口銷售額達六千萬美元，而二〇〇七年興達實現了外貿出口收入1億美元。

3．創意為王

一九九一年，年僅18歲的江南春考入華東師範大學中文系。剛進大學的江南春，為了滿足自己早日獨立的願望，開始琢磨怎樣讓自己掙點錢，這樣才能長時間不用回家聽父母的嘮叨。江南春最初開始做家教，7塊錢兩個小時。但對於江南春而言，家教這份工作有一定的局限性：一是當時他的課程排得比較滿，沒有充裕的時間開展家教工作；二是江南春剛交了女朋友，花費比較大，所賺取的少量家教的費用根本無法滿足其日常的開銷——江南春不斷地琢磨著新的賺錢方式。

大二上學期，為了還清為競選校學生會主席而向同學借的160元債務，已是校學生會主席的江南春，逮著了一個賺錢的機會：一個名為「上海亞太影視公司」的企業，來學校招業務員，每月300元工資，這對於當時還是學生的江而言是一筆相當可觀的收入。為了賺錢還債，江開始了他的第一份推銷員的工作。一個月後，招來的30名業務員只留下了2名，江南春是其中的一位。當時，江南春的主要工作內容便是出售東方電視臺一個叫「東視旋律」的節目廣告，他的業績相當不錯，到一九九三年的時候，他一個人人概做了公司1/3的營業額，約150萬元。

關於這段推銷經歷，江南春曾說：「當時主要做的是商業方面的廣告，而那時上海新的商業街淮海路剛剛修建，我就去橫掃淮海路，一家一家拜訪，去做百聯等很多商家的生意。剛開始幾個月我僅做銷售，後來我就開始做仐案了，有許多上影廠的攝像過來，我就指揮他們，自己當導演，自己寫廣告劇木，自己出創意，自己拍，也自己賣廣告。」

憑著這樣的幹勁，不久後，江南春就成為這家公司的「二老闆」。

但生性好強的江南春並不想一直打工。一九九四年2月，尚在就讀大三的江南春開始自己的創業；同年7月，江與包括香港的永怡集團在內的幾個夥伴合資，註冊成立永怡傳播，註冊資金100萬元。這是一家以創意為主的廣告代理公司。一九九五年，公司成功獲得無錫的街邊燈箱廣告項目。

同年，因負責無錫專案的公司合夥人從永怡分離，而香港永怡集團也因自身經營問題撤資，永怡傳播遭受大的股權變動，業務也面臨諸多挑戰和調整。

從這以後的近七年時間裏，江南春把自己的生活與永怡完全地融為一體。

一九九五年，永怡的年經營額已經達到了500萬元左右，這在當時已經是一個中型的廣告公司，而公司在上海也有了許多的廣告客戶，包括聯想等。但因為公司沒有核心的大客戶和業務，沒有一個核心的產業可以依託，加之公司遭遇的股權變動，作為創始人的江南春清醒地認識到，此時的永怡，「這樣發展下去，會產生許多的問題。」

在這時，為了給想獨立的無錫項目融資，江南春找到著名的IT傳媒集團IDG。當時IDG傳媒集團想並購一些廣告公司，為他們的傳媒業服務。由於IDG傳媒集團總裁對江南春個人有很好的評價，一九九五年年底，IDG決定收購永怡。不過這次的收購卻最終成為一場空，因為按照當時的政策規定，外資不允許進入中國廣告業。

此時已經敏銳察覺IT業在不久的未來將成長為一個巨大的新興產業的江南春，沒有放過這樣的機緣巧合。一九九六年1月1日，江南春進入IDG傳媒集團，為他們籌辦上海辦事處；永怡自然地成為IDG傳媒業務最主要的廣告代理商。

憑藉IDG在IT業的一些資料資源，永怡開始專注於這個行業。在一九九六～一九九八年，永怡一度幾乎壟斷了上海IT業的所有客戶，也成為這個行業國內領先的廣告公司。一九九八年，永怡全年的收入達到五、六千萬元，這幾乎佔了上海IT廣告業95%的份額。

但超級壟斷也讓永怡的發展遭遇瓶頸，在上海IT廣告市場，留給永怡的，最後只剩下5%的餘額。探索新模式成為擺在江南春面前的一個新難題。

二〇〇〇年，江南春抓住了一個意想不到的新契機：互聯網，這也為永怡傳播帶來了一個質的飛躍。由於躬耕於互聯網業務，二〇〇〇年永怡的營業額突破了億元，可以說，這一年對永怡是至關重要的革命性的一年，正因為同時代理了7個網站的廣告，永怡的營業額突然有了五千萬元的增長。

永怡的成功突破還在於江南春抓住了另一個機遇。二〇〇〇年，曾經一度紅火的網站億唐出資成立了一家好耶公司。當年這是一家純技術公司，提供網站廣告監控的軟體服務，位列著名門戶網站新浪的首頁鏈結中。當時看重這家公司的江南春和IDG集團都注資其中。正是利用和好耶的網上網下互動，永怡才得以拿下非常多的互聯網廣告。如今，好耶廣告已經成為中國最大的互聯網廣告公司。

好景不常在，二〇〇一年，伴隨互聯網經濟泡沫的破滅，永怡也遭受了致命的打擊，突然之間，7個客戶幾乎蕩然無存，似乎這個產業彷彿一夜間就突然崩潰掉了。城門失火殃及池魚，二〇〇一年成為永怡成長史中最為痛苦的一年。

對於從不認輸而又勤於總結、勤於思考的人而言，挫敗可能會變成另外一種激勵，江南春就是這樣。永怡在二〇〇一年的煎熬讓江南春明確地意識到一點：廣告代理行業是一個既辛苦而利潤又不高的行業，要繼續求得更大的發展，永怡必須尋求新的成長路徑。

自二〇〇二年起，永怡開始全新的嘗試，分兩條腿走路：一方面，全力向媒介策略服務商的角色轉變，讓永怡發展成專業的媒體購買代理商；摒棄原有的向全案式廣告代理服務商發展的計畫，立足做媒介的策略、計畫和購買服務商。另一方面，傾力打造新興傳媒，也就是後來的分眾傳媒。

在創業的過程中，江南春始終強調創新性，並獨創了一套廣告無縫化傳播理論，這種理念正是分眾傳媒的核心文化：分眾傳播的角度強調立體化傳播和無縫化傳播，立體化指標對人們生活的多元化，進行多管道的傳播，單一媒體已經不能滿足人們的立體化的多元生活；無縫化傳播是根據特種人群的生活習性，進行符合他們生活習慣的傳播。

關於商務人士，江南春這樣描述他們的生話：他們的生活習慣已經改變，早上是開車或者搭車上班，到了辦公室，首先是回郵件，上午10點客戶來了，他們就開會討論業務，12點吃午飯，接著下午見另外的客戶，晚上約人吃晚飯，之後可能約客戶泡吧，建立商務夥伴的友情，深夜十一二點回到家，很累，洗澡後倒頭睡覺，週末可能約朋友打高爾夫球，或者是陪老婆購物，陪孩子玩。

在江南春看來，打這類人的廣告，傳統媒體是沒有多大效應的。一般的報紙，他們根本就看不到，他們平常開車經過不了報攤，地鐵他們也不會去，只有地下車庫，他們會經過。報紙在辦公室有，但他們回郵件都來不及，也沒有時間看報紙。晚上回家他們也看電視，但可能10分鐘就睡著了。而在開車途中，確實會看到一些廣告，但他們根本就沒心思看，因為他們要不斷地打電話。針對這些人群，就要在他們常在的會所、健身房、辦公大樓等地方樹立媒體。

這樣的認識讓江南春想到的嘗試是電視廣告的非家庭化，他意識到，只有把電視廣告從家中帶到他們經常去往的家庭以外的各種地點，並且通過在不同地點設置視頻廣告，才能幫助廣告主到達所要針對的不同的目標人群，從而大大提升傳播有效性，避免大量的媒體預算浪費在錯誤的人群中。憑著這樣的理念，江南春首個想到的是高檔寫字樓此前毫無額外利用的電梯，他準備利用人們等電梯的無聊時間來播放廣告。

二○○三年5月，江南春註冊成立分眾傳媒（中國）控股有限公司，並出任首席執行官。當分眾傳媒通過私募獲得充沛資本之後，江南春以迅雷不及掩耳之勢在全國各大城市掀起了「圈地」攻勢，在短短2年多的時間裏，江南春在全國四十五個城市中佔領了2萬棟商業大樓。

據最新的統計資料顯示，分眾已在全國擁有3.75萬塊液晶屏。正如《富士比》雜誌所描述的：「江南春以最快的速度佔領當地的主要商業大樓，將剩下的市場空間留給了隨後出現的模仿者。」

4．一招鮮　吃遍天

二十世紀80年代初，當絕大多數國人還在小心翼翼地談論怎樣賺錢成為萬元戶的時候，他已成為新中國的第一個億萬富翁。如今，與他同代的富豪要麼早已出事退出歷史舞臺，要麼風光不再已經淡出公眾的視線——而他依然還是江西首富，還是那麼火，那麼紅，關於他和他的企業質疑的聲音卻不曾有過。這個始終屹立不倒的傳奇商人便是果喜實業集團有限公司董事長、黨委書記——張果喜。

二十世紀70年代，15歲的張果喜，初中還沒讀完，就輟學進了余江縣鄧家埠農具修造社木工車間當學徒，每天做的活就是鋸木材。雖然鋸木材不需要多深的技術，但要把一堆一堆

的木材變成木鍬、犁耙、獨輪木車等，卻要消耗很大體力。那時鋸木材不是用機器，而是用手拉鋸，上進心極強的張果喜沒日沒夜地拉，結果把腎給累壞了，拉尿帶血，幾乎是每星期一次。5年的「血尿」，給張果喜換來了一個「好木工」的稱號和「車間主任」的職務。可是，車間主任沒當幾天，農具市場就飽和了。

一九七二年，張果喜的木工車間因無活可幹被廠裏割離出來，單獨成為木器廠，張果喜被任命為廠長。名為廠長，卻一無廠房，二無資金，只有從農具社得到的3平板車木頭、幾間破工棚和21名職工及家屬近百口要飯吃的人，另外還有「分」到他們頭上的2.4萬元的債務！第一次發工資的日子到了，廠裏卻連一分錢也沒有！張果喜不得不說服他的父親賣掉了土地改革時分給他們家的房子，得到1400元，一部分作為職工的工資，一部分作為廠裏創業的本錢。

張果喜知道，單靠賣自己家房子的這點錢，是發不了幾回工資的，木器廠要生存必須找到能掙錢的活幹。然而，在附近農村即使找到了一點活幹，又能賺多少錢呢？張果喜大聲向廠裏的職工宣布：「要吃飯的跟我走！」於是，有21位兄弟積極回應，跟上了他。可是，飯在哪裡？

張果喜想到了上海，他想到上海是因為在鄧家埠他經常與「上海知青」聊天，知道上海是一個大世界，在那裡或許能找到活做！張果喜帶了200元和三位夥伴闖進了大上海。第一次遠離家門，200元錢放在一個人身上怕扒手偷，於是，張果喜和夥伴躲進廁所，將200元平分給每個人50元，藏在貼身口袋裏。

晚上捨不得住旅館，就蜷縮在上海第一百貨公司的屋簷下。第二天，他們很早就來到上海手工業管理局門口。局裏的工作人員上班時見到他們後，便問：「有什麼事？」張果喜先作簡單的自我介紹，然後說出想在上海找活的心事。工作人員聽說他們是來自毛主席表揚過的地方，便熱情地把他們介紹到上海雕刻藝術廠去參觀學習。這個廠在四川北路，它的前身叫上海藝術雕刻品一廠。

到廠以後，他們在陳列樣品室裏，看到了一種樟木雕花套箱，由兩個或三個大小不一的箱子組合而成，每個箱子都是單獨的工藝品，套在一起又天衣無縫；箱子的四沿堆花疊朵，外壁層層相映著龍鳳梅竹，十分精美。張果喜問管理員，這套箱價格是多少？回答是200元。張果喜以為自己聽錯了，便又問了一遍，回答仍然是200元。此時的張果喜又驚又喜，200元啊，他們四個人千里迢迢來上海，全部盤纏也不過200元呀！於是，張果喜決定要把這個手藝帶回余江。他們四人分工，一人拜一個師傅，一人學幾道工序，就是死記硬背也要把這個產品的工藝流程和製作技巧牢牢地記在腦子裏，就這樣苦學了7天。

臨走時，張果喜還從上海藝術雕刻廠的廢紙堆裏，揀回了幾張雕花圖樣，又順手牽羊地帶走了一隻報廢的「老虎腳」。回到余江的當天夜裏，他就召開全廠職工大會，決定做雕花套箱。第二天，他把全廠的零木碎料全部清理出來，分成三十幾堆，全廠職工每人一堆，讓大家照著他從上海帶回來的樣品花鳥去練雕刻。

然後，他又把工人帶到有「木雕之鄉」美稱的浙江省東陽縣學習，還將個別老師傅請到余江來傳授絕活。套箱需要上等的樟木，余江縣城連樟樹都很難找到，他又帶領職工到遠離縣城的山區去採購。有次遇到大雨，運送樟木的拖拉機陷入泥塘，他和職工冒雨幹了一天一夜，硬是靠手推肩扛，將2噸多重的樟木弄上了拖拉機，餓了就吃一個5分錢的發餅，渴了就喝幾口山溝裏的水……就這樣，張果喜經過半年多的時間，生產了第一個樟木箱。

那時候，江西沒有外貿，出口產品都要通過上海進出口公司，所以他們把製作的第一個樟木箱送到上海工藝品進出口公司，由上海工藝品進出口公司送給廣交會。結果第一次交易會上就訂了20套樟木箱。這20套樟木箱讓他們賺了1萬多元錢，同時還使他們了解到了客戶對他們產品的要求。根據客戶需求生產雕木箱，一下子產品的銷路就打開了。

一九七九年秋天，張果喜又來到上海。如果說張果喜第一次闖上海是為了找碗飯吃，那麼第二次闖上海就是他走向中國富豪邁出的第一步。在上海工藝品進出口公司的樣品陳列廳裏，一尊尊出口日本的雕花佛龕，久久地吸引著張果喜的眼球，再一打聽，一個佛龕有70%利潤，而他生產的雕花套箱一個只有25%的利潤。

工作人員告訴他，佛龕是日本的高檔工藝品，也是日本家庭必備的「三大件」（轎車、別墅、佛龕）之一。佛龕是用來供奉釋迦牟尼的木雕宮殿，大小只有幾尺見方，結構卻非常複雜，成百上千造型各異的部件，只要有一塊不合規格或稍有變形，到最後就組裝不起來。因為工藝要求太高，許多廠家都不敢問津。

面對佛龕，張果喜是看在眼裏，喜在心頭——用料不多而價格昂貴，這是把木頭變成黃金的生意啊！「這個活，我們能做！」張果喜毫不猶豫地與上海工藝品進出口公司簽訂了合同。他帶著樣品回到廠裏，一連20天泡在車間，和工人們一起揣摩、仿製，終於把「佛龕」做出來了。

第二年，果喜木雕廠創外匯100萬日元，其中65萬日元就是佛龕收入；第三年，果喜木雕廠創外匯156萬日元，佛龕收入超過100萬日元！

或許是緣於他只有初中肄業的文化、土木匠、草民這樣草根出身的考慮，他的第一桶金，乍一看像是「無心插柳柳成蔭」，但注意到他推進的每一個關鍵點不難看出，他實際上是「有心栽花花亦發」。他的崛起應該歸於「一招鮮」——生產佛龕的技術門檻讓後者一時難以跟進；他對傳統雕刻工藝工序的改造使產品便於大規模生產；他對品質的精益求精阻擊了韓國、港臺的對手，幾乎壟斷了日本整個佛龕市場。由此，夯實了果喜大業的地基。

這麼多年，生產佛龕一直作為果喜集團的支柱不動搖，張果喜和他的果喜集團在專業化這條企業發展之路上堅持了幾十年。近幾年適度多元化，也是在突出主業、做好主業的前提下漸進式實施的，這種謹慎決策與那些一口做大就盲目多元化的民企是不可相提並論的。

尤其難能可貴的是張果喜應對市場風雲乍起的定力。一九九七年的東南亞金融危機，日本經濟嚴重衰退，佛龕市場也隨之變得異常蕭條，很多佛龕生產、經銷廠商關門倒閉。對此，張果喜非常冷靜，20多年在佛龕摸爬滾打的經驗給他一種直覺：這種蕭條是暫時的，宗教是日本民族文化的顯著特徵之一，只要有日本人存在，就需要佛龕產品。在市場低迷不前的情況下，張果喜不但沒退出佛龕生產領域，而且還投入了四千萬元，新上了兩個完成品廠。二年後，日本經濟逐步復蘇，張果喜的「佛龕」生產正好迎合了市場所需，銷量大增。

走進果喜集團展覽大廳，一幅張果喜身佩紅色綬帶、手舉鮮花的照片特別醒目，照片下面有這樣一段文字——

一九九三年6月5日，江西南昌，一個別開生面的大會令人矚目——中國科學院紫金山天文臺要將一顆由其發現的編號為3028的小行星用一個人的名字命名，國際天文學聯合會小行星命名委員會極其慎重，幾經推敲，批准了紫金山天文臺的決定。這個大會就是命名大會，用作命名的人就是企業家張果喜：自即日起，這顆編號為3028的小行星就叫「張果喜星」了。

小行星命名是一項非常高尚的榮譽，以往命名都是以地名和著名科學家的名字命名的。這一次以張果喜的名字命名，是因為南京紫金山天文臺查閱了很多資料，發現張果喜的企業在改革開放之時對社會所作的貢獻，特別是給社會公益事業作了較大的貢獻，所以才決定推薦用張果喜的名字為一小行星命名。到目前為止，在全球用企業家名字給小行星命名的有兩個：一個是美國著名實業家哈默博士，另一個就是張果喜了，而且他是以人名命名星辰中最年輕的一位。

與此相映成趣的是展示廳櫥櫃中堆放的張果喜的其他系列榮譽：一九八四年以來，張果喜連續19次被評為江西省優秀廠長（經理）、三度省勞模，先後獲得第一屆全國百名優秀廠長（經理）、第二屆全國優秀企業家、兩度全國勞模、全國「五一」勞動獎章、全國首屆十大傑出青年、首屆中國經營大師、首屆改革風雲人物等200多種榮譽。

遍覽這些國內其他富豪和企業家無法企及的榮譽，不難得出這樣的結論：張果喜一直為主流階層所認同、所看重，他最大的財富不是一手打造的果喜集團而是使他自己成為江西的品牌。而榮譽展覽的這種方式足見張果喜本人對榮譽的看重和珍惜。

與不少富豪比，張果喜的發跡乾淨且透明。木雕工藝加出口創匯，這樣的財富典型讓人心裏踏實。也正因為如此，雖然歷時幾十年，張果喜這個典型始終能夠得到各級各屆政府的推崇。

張果喜對榮譽的看重和珍惜也讓他在發達後免掉了暴發戶式的「毛病」。他在事業上求穩，既不貪大求快，又不盲目多元化，也不跟風上市，企業在依託主業持續盈利的基礎上滾雪球式發展；他在做人上求平，保持低調，安守本分，言行舉止力求為社會的和諧相容。他的這份「識時務」的良苦用心換來的是：為下所敬，為上所望。

張果喜像經營企業一樣經營自己的人生。緣於這種理性經營，他這個草根富豪才能紅起來，紅這麼久。

5．適時調整經營戰略

一九五九年，葉煥榮來到英國赫爾的時候，身上只有10英鎊。但30歲時，他已從一名服務生一躍成為數家頗具規模的中餐館老闆。

就在這個時候，他讀到了一篇有關希爾頓先生的文章。第一次世界大戰後，希爾頓先生想買下一家美國德克薩斯州的銀行，但賣家不斷抬高價格，所以沒有成功。於是，沮喪失意的希爾頓先生住進了當地的一家旅店，反省自己的選擇，不料，卻發現旅店客滿，人們都睡在大堂裏。於是，希爾頓先生買下了這家旅店，從此，便在酒店業的發展道路上「一直走下去了」。

希爾頓先生的故事激起了葉煥榮的共鳴。當時的他，新婚不久，對在深夜酒吧打烊後，匆忙地送香酥鴨和炒麵感到厭倦。於是，他決心為中餐館供貨，而不是經營餐館，因為他知道，前者比後者更能賺錢。

一九六九年，葉煥榮與弟弟葉吉榮聯手，在伯明罕開了首家中式雜貨店——榮業行。當生意擴展至曼徹斯特時，他把小弟弟葉利新從牙買加叫了回來。當時，葉利新在牙買加已擁有一家雜貨店。時至二十世紀80年代末，葉煥榮已有4家大型超級市場，遍佈英國。有這4家超市作後盾，他能為英國大多數中餐館供貨。總體而言，這4家超市仍屬家族管理，不具備全國大型連鎖店的購買力。

在事業發展的初期，葉煥榮和Bestway超市集團的安瓦爾・佩爾韋茲先生頗有幾分相似之處。安瓦爾・佩爾韋茲剛到英格蘭時，先從公共汽車售票員幹起，直到一九六二年，在倫敦開了第一家店。如今，Bestway已是英國第二大超市集團，麾下有28家分店，年銷售額超過10億英鎊。

但兩人也有不同之處，葉煥榮選擇了伯明罕而不是倫敦作為事業發展基地，因為伯明罕的競爭程度相對較弱，這正是葉煥榮的取勝之道。

葉煥榮選擇伯明罕的另一原因在於，伯明罕有相對發達的高速公路網路。憑藉這種物流優勢，只需2.5小時或3個小時，葉煥榮公司的貨車就能將貨物送達英國¾的用戶手中。

網路覆蓋了全英，而Bestway卻需要28家分店。榮業行提供的商品種類比Bestway的分類更加獨特。在Bestway，價格往往是決定因素。然而，當人們需要找一家可靠的魚翅或鴨掌供應商時，除了榮業行之外，人們的選擇實在不多。

榮業行的最大特色就是能在全球範圍內採購到有特色的食品，而其中大部分都無法在英國買到。

榮業行與大多數同類超市還有一個不同之處，即它並不僅僅針對中餐館及外賣店。隨著英國人對異國菜肴興趣的升溫，榮業行吸引了越來越多的非華人顧客，這些人不特別計較價錢的高低。因此，榮業行的淨利潤便高於其他同類超市。

如今，葉煥榮是英國華人超級市場榮業行的董事長，該行為英國二千多家中餐館的主要供應商，也是英國東方食品最大的進口商。榮業行旗下有4家超級市場，分別坐落於英國中部的伯明罕、北倫敦、倫敦南部的蓋茨頓和英國西北的曼徹斯特。這4家超市的年營業額為六千七百萬英鎊。近年來，榮業行全年稅前利潤高達190萬英鎊，盈利極為可觀。

6．將平常的事情做到極緻

養雞是一件平常事，在我國的農村，誰家沒有幾隻雞呀，養雞場也是成千上萬，但是能把雞養得這麼好的、規模如此大的，韓偉是獨一份。國內飼養規模達到20萬隻的蛋雞場已是屈指可數，而韓偉卻一下子養了300萬隻，規模還在不斷地擴大，雞場也從大連建到了外地。

正因為把平常事做到了極緻，韓偉享有「雞王」之稱，躋身於億萬富翁的行列。

一九五八年，韓偉隨母親與9個兄弟姐妹一起從瀋陽遷往大連市郊三澗堡鎮東泥河村。由於子女太多，家境極貧，排行老九的韓偉15歲就扛著糞桶去大連掏糞。後來，有初中文化且略通畜牧知識的韓偉，做了公社以農代工的畜牧助理，這在當時是一碗很不錯的「幹部飯」了。

那時候韓偉每天的工作就是騎著自行車到農家，挨家挨戶動員完成國家下達給公社的0.6萬公斤雞蛋收購指標。一九八二年，改革開放的春風吹遍遼寧大地，廣大農村出現了發展副業、養殖業的熱潮。就在此時，韓偉的妻子許淑芬拿出家裏所有的積蓄並毅然向親友借貸三千元，購來50隻蛋雞，成立「許淑芬養雞專業戶」，搞起了家庭養雞業，雞種是當時很流行的美國「羅斯」。隨著養雞規模不斷擴大，她自己一個人忙不過來了，這時韓偉乾脆就辭職與她一起養，雞場也隨之更名為「韓偉養雞場」，進而演變為「韓偉集團」。

創業的路是艱苦的，當時僅有的三排雞舍坐落在向陽的山坳裏。妻子許淑芬每天穿上雨靴，踩著雞糞打掃雞舍，丈夫韓偉則推著車上山拉給雞喝的水。到了星期天，他們夫婦一起挑著雞蛋到鎮上去叫賣，一顆顆的雞蛋積累了他們的初步財富。一九八四年，韓偉毅然決定貸款15萬元擴大雞場規模。在當時，這真是「膽大包天」了。他成了全東北第一個超級「負債戶」，很快就建成了大連市最大的養雞企業。當時正值副食品供應緊張，韓偉集團響應政府號召，為保持大連鮮蛋市場供求和價格穩定作出了積極貢獻。韓偉集團由此名聲大振，步入了跨越發展階段，成為年飼養蛋雞300萬隻、年產鮮蛋五千八百萬公斤的國內最大蛋雞生產龍頭企業。3.7萬戶農民在韓偉集團的帶動下發家致富。

韓偉的成就一大半要歸功於妻子許淑芬，可以說沒有許淑芬就沒有韓偉的今天。二十世紀80年代，農家出身的俊俏姑娘嫁了個公社小技術員，小日子過得還算優閒。由於許淑芬的「不安於現狀」，因而有了後來的「韓偉養雞場」乃至「韓偉集團」。

轉眼到了一九九三年，在海邊長大的許淑芬打起了海水養殖的主意。當時鮑魚的養殖被看成黃金產業，一斤鮑魚數百元，一枚指甲大的鮑苗能賣1元多。這一次又是「婦唱夫隨」，韓偉集團斥資1億多元，建設了一座擁有1萬立方米育苗水體、世界最大規模的海珍品育苗和養殖企業——太平洋海珍品有限公司，由集團總經理許淑芬兼任公司董事長。

然而天有不測風雲，一九九五年，精心養殖了二年的鮑魚苗放養大海後，一場突如其來的颱風毀掉了一切。就是這一次打擊，使大連的20多家鮑魚養殖企業先後宣告破產。然而許淑芬沒有回頭，她相信既然有明擺在那裡的「高效益」，就一定有辦法拿回來。她自己說，我已經認準了這條道兒，九牛拉不回，九死不後悔。為了解決鮑魚苗存活率低的難題，她把目光投向了高科技，請來了大連水產學院和青島海洋大學的專家和學生，讓他們把太平洋海珍品有限公司當作免費的實習基地。說是免費，公司得到的回報卻是國家863項目——世界最先進的鮑魚養殖三倍體技術就在這裏誕生了。困擾了人類多年的鮑魚養殖成活率低的難題終於得到了解決，這是讓全世界水產界人士都為之興奮的事。許淑芬領導的企業創造了世界水產養殖的奇蹟，她和韓偉都高興極了。

如今，每到育苗季節，大批來自遼寧和山東沿海的養殖戶就會擁入太平洋公司，在這裏上演鮑魚苗種搶購風潮。

養雞成功，養鮑成功，許淑芬又有了更高的追求。她自己南下北上萬里求索，最終與中國科學院南海海洋研究所合作，共同開發鮑魚的深加工技術。

7．勝在誠信

一九八二年，李興浩已近而立之年，在這一年，他決定離開已經耕耘10年的土地去賣冰棍。當時，這種四、五分錢一根的生意在他看來已是「暴利」。賣冰棍時，李興浩發現不少工廠需要布碎擦機器，於是他用賣冰棍賺來的幾百元錢收購布碎加工。在一次次的推銷之後，他的50斤布碎賣給一家機器廠，為他帶來75元的收入，這在當時頂得上一個城市家庭的月收入。

在隨後創業的過程中，李興浩曾經開過一家海鮮酒樓，酒樓空調常壞，一個月下來，維修費就上千元。後來，李興浩索性請一個師傅來工作。很快，李興浩發現，維修電器比賣海鮮更賺錢。一九八九年，他註冊了興隆製冷設備維修中心，並組織夥伴們上廣州下海南，四處吆喝興隆的名號。二年後，公司成了全國最大的製冷維修中心，業務做到了整個廣東。順著這樣的生意鏈，李興浩與一個臺灣老闆各出600萬元合資創建志高空調廠，從而進入了空調製造這一領域。

在新工廠投產的第三天，李興浩就碰上了史上前所未有的空調價格大戰，這場大戰引發的後遺症，幾乎將新生的志高空調「扼殺」在繈褓之中。

一九九三年，中國的空調行業即將結束暴利時代，越來越多的進入者和由此加劇的市場競爭悄然改變著行業的生存環境。那一年，科龍1P分體式空調降價一千元，所以，在一台空調的原材料價格就已經達到了3600元的前提下，李興浩也要求自己的空調也向下調價，賣2980元。然而，「賠本兒甩賣」卻並沒有為志高空調換來市場。

一九九六年，由於不認同李興浩的做法，合作夥伴決定撤資。合資方甚至對外宣稱志高空調已經破產，致使志高空調的帳戶被佛山市人民法院查封，而第二天就是志高空調發工資的日子。李興浩陷入了數百人的企業在一夜之間空空如也、企業的血液被抽乾的絕望境地。

在此困境下，李興浩特意選擇在廣東的溫泉勝地清遠召開供應商會議，在會議上，李興浩壯志未酬地說：「我今天連開會的錢都沒有，但是我的目標是造出世界上最好的空調。」他心意拳拳地向供應商表明心跡：就像溫泉一樣，志高空調要開採才有價值，如果開發好了，他們將會獲得源源不斷的回報。會後，李興浩給供應商開了張欠款800萬元的白條子，這張當錢用的紙條，先後在三個供應商手中流通，最後在一九九八年又回到李興浩手中，成為一個融資傳奇。

無論遇到什麼困難，李興浩「造世界上最好的空調」和「打造全球最大的製冷基地」的目標從來沒有改變過。也正是因為這個「狂妄」的想法，他在創辦志高時將志高LOGO的英文字母定為「CHIGO」，意思就是「中國，加油」。

志高空調的發展史充滿了帶有遠交近攻意味的開放。早在一九九五年，志高就與日本三菱壓縮機開始合作，日本三菱前任總經理原明參觀志高時曾為李興浩寫下「空調學志高」的賀詞。隨後，志高空調又與韓國現代聯姻，雙方聯合經營現代空調，與德國威能集團簽訂長期戰略合作夥伴協議。到二〇〇七年12月，志高已經與日本三菱、韓國現代、德國威能、美國杜邦等全球500強企業聯合成立全球首家「空調品質聯盟」，成功地對全球空調產業資源進行了有效整合。

然而，真正將志高送上中國第四大空調商寶座的還是空調出口。一九九九年，志高空調出口挪威，當地經銷商將每台零售價賣到了一千五百美元，這深深地觸動了李興浩。那個時候，李興浩號召全公司尋找會講英語的人，只要能夠拉來國外的訂單，生意能否做成，一律獎勵。做成一個訂單就重賞，做成五個訂單就升任部長。如今，志高已經在100多個國家註冊商標。

二〇〇八年，儘管金融海嘯導致全國空調市場出口都不景氣，但志高空調卻保持著出口銷量增長50％以上的業績。二〇〇九年7月13日，志高空調在香港聯交所上市。全球發售超過7250萬股股份，每股2.27港元的定價，意味著李興浩的身家已經超過7億元。

綜觀李興浩的創業歷程，可以發現，合作夥伴撤資是其遭遇的最大困境之一，但是身無分文的李興浩卻依靠在珠江三角洲地區有口皆碑的誠信，贏得了所有供應商的支持，順利渡過了難關。這次危機，檢驗了李興浩「以誠交友」的能力。如今，在這個並沒有受過高等教育草根企業家心中，誠信、人脈，最後才是金錢，構成了最樸素的財富觀。

李興浩的生意經

(1) 我的生意經是有錢就要滾大。
(2) 在經濟寒冬中，我們要做出口行業的典範！
(3) 危機，危機，在我看來，越是有危險就越有機會！
(4) 企業賺錢要靠三部分：一是技術，二是人脈，三就是美譽度。
(5) 受過窮，所以我對財富的追求要比一般人強烈，情感也是不一樣的。
(6) 我賺的不是金錢，是財富。財富很簡單，就是可以讓想做的事情變為現實。

(7) 做生意就好比打仗一樣，勝利的軍隊都是有準備的，失敗的軍隊都是因為沒有準備好。

8．不管大步小步，都要領先一步

一九七〇年，邱文欽出生在廣東陸豐縣碣石鎮一個偏僻的農家。在他6歲那年，父親不幸病逝；8歲時，母親又離開了人間，從此他成了孤兒。沒有人照顧他，他與大他2歲的哥哥相依為命。那會兒，別說上學，就連一日三餐填飽肚子都成問題。命運逼得小兄弟倆只得放下書包，扛著鋤頭赤腳下地種田。每日在農田裏日出而作，日落而息，成了太陽底下最可憐的人。

那時，他們不僅每日自己做飯、洗衣，計畫著花家中的每一分錢，而且每每勞累了一天後，回到家也沒有個人噓寒問暖。小兄弟倆想起記憶中有父母關愛的幸福日子，常常變得淚水漣漣。那時，每看到別人家的孩子背上書包上學時，邱文欽就會忍不住投去羨慕的目光，他在心中一千遍地想，等以後自己有了錢，一定也要背起書包上學堂。但這個童年的夢想始終未能實現，後來成了珍藏在他心中的一個最神聖的記憶。

這種日子一直持續到一九八五年。15歲的邱文欽和哥哥在姑媽的安排下，拜當地的一個

木匠為師學做木工。每天跟師傅學拉鋸子、推刨子。為了能儘快學到真手藝，兄弟倆還想方設法去討師傅歡心，不僅免費給師傅打工，還包攬了師傅家裏所有的粗重家務和田地裏的農活。就這樣，從早到晚，兄弟倆在高強度的勞動和學習中熬過了三年光景。這三年裏，邱文欽任勞任怨，吃苦耐勞，勤學苦練。憑者自己的堅強毅力，終於師滿出徒，學得了一手漂亮的木工活。

當時，按照他們學得的手藝，在當地混口飯吃應該不成什麼問題，兩兄弟從此完全可以脫離那種忍饑挨餓、靠人施捨過活的苦日子。一九八八年，剛剛興起的打工潮幾乎席捲了中國所有的內地城市，許多熱血青年紛紛離鄉去陌生的城市實現自己的夢想。兄弟倆也對外面的世界充滿了憧憬。

後來，兄弟倆一合計，決定一起外出打工。邱文欽想：與其靠手藝在家中僅僅混一口飯吃，終究難有大出息，不如出門闖一闖，說不定就闖出一番天地來了。再說自己有一技在身，走到哪裡都不至於被餓死。一九八八年年底，兄弟倆在左鄰右舍、親戚朋友的幫助下，好不容易借到了240元錢，兄弟倆坐上了開往深圳的汽車。

當時的深圳還是一片荒山野嶺，連一條像樣的公路也沒有，但所到之處都是機器轟鳴之聲，一派熱火朝天的景象。看到這一切，邱文欽身上的血頓時熱了。他慶幸自己趕上了創業的好時候！

然而，深圳也並不是他想像得那麼好找工作，兄弟倆在街頭浪跡多日，費盡周折後好不容易才找到了一個搞裝修的老鄉。老鄉看他兄弟兩人忠厚老實又能吃苦，就收留他們在工地做工。

兄弟倆在深圳總算有了落腳之地，自然對收留他們的老鄉感恩不盡，只知道拼命地幹活。在老闆手下，每天他倆活幹得最多也幹得最好，不管颳風下雨，工地遠近，都隨叫隨到，再苦再累也毫無怨言。第一個月，兄弟倆各領到了330元工資，除去90元的生活費，還有240元錢。兄弟倆長這麼大還是第一次掙這麼多錢，晚上住在四壁透風的工地上，邱文欽把揣在懷中的錢拿出來摸了又摸，辛酸和欣慰、感慨與激動交織著一股腦地湧上心頭，使他輾轉反側，一夜未眠。想著深圳的錢這麼好掙，邱文欽在心裏暗暗發誓：一定要在深圳混出個模樣來！

在老鄉的工地上做了一年多的小雜工，到了一九八九年年底，兄弟倆辛辛苦苦好不容易才攢到了四千多元錢。邱文欽心想：自己老是一味地給別人打小工，可能一輩子也實現不了自己的夢想。經過一番深思熟慮，兄弟倆決定跳出來單幹。他們在黃貝嶺租了間每月200元房租的鐵皮房，印刷了些承攬家庭裝修業務的小卡片，四處派發，上門攬一些零碎的木工活。由於沒有本錢，他們只好從別的包工頭手中再轉包下工程中所需的木工活，這樣一來，他們既不承擔什麼風險，也能從中賺一份比以前給別人打工多幾倍的錢！

由於兄弟倆的木工手藝好，加之做事又認真負責。由此在裝修這個行當中，兄弟倆口碑好、人緣好，許多對他們業務十分滿意的裝修住戶，又把他們推薦給自己的親朋好友。於是兄弟倆的生意越做越好，到了一九九〇年，手中有了一定積蓄的兄弟倆已經可以自己扯一干人馬獨立承攬整個家庭裝修工程了。

邱文欽一邊承攬著自己的裝修工程，一邊在四處尋找別的賺錢門路。一九九一年冬天，機遇終於光顧了誠實肯幹的他。

這一年，邱文欽一個在深圳市東園路開名片印刷店的老鄉因生意不景氣，欲將名片店轉讓出去，轉承費只要三、四千元。經過一番市場調查，邱文欽大膽地將這個名片店接手承包了下來，和名片店一起接過來的還有原來店裏的2名員工。

這是一間只有7平方米的小店，一台破舊的手搖名片印刷機就是店裏全部的生產設備，但邱文欽卻是興奮異常，因為這是一間屬於他自己的店了，第一次做老闆的他被創業的激情撩得激動難抑。

名片店所處位置不錯，然而生意卻不景氣，邱文欽認為主要是員工責任心不強、缺乏主動性造成的。於是，他馬上制定一種激勵制度：規定員工每聯繫印刷一盒名片，就在原有工資的基礎上提成10%。此舉一出，兩名員工也一改以前那種得過且過的工作態度，每天想方設法為店裏聯繫業務、招攬生意，同時也為自己增加了收入。不久，邱文欽名片店的生意開始扭轉乾坤了。

但由於名片店裏機器設備老化，每天無論邱文欽怎麼緊張，最多也只能印製二三十盒名片，除去成本、房租和員工開支外，也就所剩無幾了。他想更換設備，來提高工作效率，但他一打聽，更換一台新的名片印刷機器，差不多要上萬元，而邱文欽一下子又拿不出這麼大一筆錢，這使他又犯了愁。

一次，一位文具店的業務員來給他推銷名片紙，隨身的挎包裏還插著一大包鋼筆、圓珠筆及其他文具。邱文欽看到這些東西眼前不禁一亮，他想：自己可以一邊印名片，一邊賣文具，這樣兩不相誤，並且在名片店裏賣文具也挺配套的。

說幹就幹，他利用自己精湛的木工手藝，在名片店的內牆一側，做了個精緻的文具售貨架，再裝上透明玻璃，一個漂亮的售貨架立刻就成了。開始的時候，邱文欽只是在這名業務員手中購進一些文具，零星搭配著賣，誰知到月終一結賬，他竟然發覺，自己零零碎碎賣文具賺的錢，已經超過了每日辛辛苦苦做名片賺的錢！

邱文欽不禁驚呆了！他馬上意識到文具這個小行當裏蘊藏著巨大的利潤空間。但是讓一個文盲去賣帶有強烈文化色彩的文具用品，能行嗎？邱文欽開始心裏也直打鼓，可他後來轉念一想：世上無難事，只怕有心人。只要自己認準了，就一定義無反顧地走下去。再說自己雖說沒有文化，但可以請一些高智商的人來給自己出謀劃策，以人之長，補己之短，相信是可以克服自身缺陷的。如此一想，信心就更大了。

一九九一年，正是深圳大發展的黃金時期，各種各樣的公司、商業大樓一家接一家地開。文化辦公用品的需求量很大，文具市場前景廣闊。經過這一番仔細調查，更堅定了邱文欽挑戰自我的決心。

一九九二年年初，他將手中僅有七千元全部拿出來，用來批發一些新潮、適用的文具用品。此時，製作名片已退至副業，賣文具一躍成了主業。不到一個月，邱文欽所進的文具被銷售一空，賺的錢也是以前的好幾倍，邱文欽暗暗慶幸自己選準了路子。於是，他開始周而復始地進貨、銷貨，慢慢地熟悉了文具這個行業，店裏的貨也越進越齊全了。到了第四個月，手中已有了2萬多元存款的邱文欽為了擴大經營規模，他又將名片店隔壁的一間10多平方米的髮廊轉租了下來，自己裝修一新後，成了一間文化用品專賣店。

天下原本沒有路，在荊棘叢生的地上踐踏的次數多了，腳下就有了一條路。在商海裏反覆篩淘，邱文欽終於找到了一根足可以讓他發家致富、安身立命的「金稻草」。

又經過一年多的磨練，邱文欽的事業有了長足的發展；資金積累逐漸增多，進貨管道也越來越廣，並取得了韓國、日本等七、八家國外文化用品公司的代理權。加之他有深圳大企業做穩定的用戶，自然而然，他的業務量飛速上升，從此一發而不可收拾。

「不管大步小步，都要領先一步。」這是邱文欽的經商之道。一九九〇年，深圳超市經營最先由香港百佳引入。超市的自選特點給了消費者較多的自由選購空間，從而使顧客盈門。而當時在中國還沒有一家像麥當勞、肯德基那樣有名氣的國際連鎖店。

當時，我國文具行業也正面臨著大好商機：其一，當時從百貨零售領域剝離出來自成一體的文具行業已成為一個熱門的產業；其二，特許經營加盟連鎖在中國得到了迅速的發展，已成為我國經濟增長的一個新亮點；其三，隨著國內經濟及文化教育的發展，必然令文具市場呈現出旺盛的消費勢頭，整個文具行業將進入一個穩步發展充滿機遇的朝陽時期。

經過這麼一番分析，邱文欽敏銳地捕捉住了這個商機。一九九三年，邱文欽開了自己第二家文具分店。到了一九九四年，一年之間，他又一口氣開了4家連鎖分店。一九九五年，他註冊成立「都都文化用品有限公司」。從一九九三年到一九九五年3年間，「都都文具」的超市連鎖經營方式給這個行業吹來了一股新風，極大地攪動了這個市場，「都都」專業文具小超市，在深圳成了一道亮麗的風景線。

在創連鎖店的過程中，邱文欽始終從服務、品質和市場的每個環節做起，並在管理上不斷上檔次、實施管理創新。他的理念是：現在做生意，必須以消費者為中心，以消費者的需求為第一需求。以前的文具店過去是在百貨公司的櫃檯裏等客上門，而不主動送貨上門，提供服務。而「都都」文具不但在經營中為顧客提供主動的服務，邱文欽還從提高服務品質入手，培養員工的服務意識，嚴把進貨品質關，經營的貨品必須是正規產品、正規品牌，從不允許假冒偽劣產品在本公司出售。靠著消費者良好的口碑逐漸樹立起自己的形象。

邱文欽還在價格合理化、品種齊全化上面做文章，做到所有連鎖店價格統一，明碼標價；顧客只要走進「都都」文具店，就沒有買不到的文具來作為要求自己的標準。作為深圳市文化用品行業最早送貨上門的公司，為了在競爭中取勝，送貨曾送到寶安、布吉等較偏遠地區。靠取信於顧客的信譽和質優價廉的實惠，一步步打開了深圳市場，得到了社會的廣泛認可。

「都都文化用品有限公司」成立後，只有25歲的邱文欽為了使企業有更長遠的發展，就開始在管理上下功夫，並制定出一套先進科學的管理方法。

「開好中國第一文具連鎖店」，是「都都」的經營目標。而人才又是一個企業的靈魂。邱文欽知道自己沒有什麼文化，但他卻懂得利用別人的文化為自己賺錢。在公司成立之初，邱文欽就開始聘用總經理，公司實行總經理負責制，從而杜絕了「家族式企業」中的種種矛盾。此舉在當時的深圳民營企業中還是很少見的。在用人機制上他也實行「能者上，庸者下」的策略，哪怕是家鄉的親戚求職，如果沒有能力，也只能做清潔工。如今，公司員工結構中，不乏博士、碩士等高級人才。同時，為適應企業的可持續性發展戰略。

二〇〇〇年年初，「都都」文具與黑龍江財貿學校簽訂了人才培養協議，專門開設「都都班」，邱文欽這個沒上過一天學的鄉下窮孩子，卻受聘兼任該校名譽校長。後來不久，「都都」又與分佈在全國的另外三所商業學校簽訂了人才共同培養協定，開設「都都班」，為「都都」培養後備人才，為「都都」全國拓展計畫做好人才儲備。

迄今為止，「都都」文具已在深圳開了33家連鎖店，在北京開了1家分公司，員工已發展到600多人。銷售產品從價值幾角錢的鉛筆頭、橡皮擦，大到價值數10萬元的投影螢幕、投影機及整套的辦公自動化設備。公司的總資產已超過億元！

今天，說出來也許很多人都不敢相信，擁有億萬資產的邱文欽，除了自己為提高工作效率配備的一輛國產別克轎車外，在深圳連一套屬於自己的住房都沒有，一直到現在仍是與員工一起住在租的員工宿舍裏。每天晚上老闆和員工的呼吸甚至都可以連成一片，凝聚成一種戰無不勝的團隊精神！

對此，邱文欽十分誠懇地說：「一個真正關心自身發展的企業，首先要從關心員工開始，企業只有把員工的利益與企業的利益同一化，才能真正獲得員工的認同與追隨。『都都』文具雖然是民營企業，但它不是我一個人的，它是社會的，是員工大家的。我買房也要等到能夠使全體員工都能在深圳住上新房，等到『都都』建起自己的『都都大廈』！」

9．屢敗屢創

一九八二年，蔡良勇17歲，由於受到同鄉的鼓動和誘惑，他無法再安心於建築工地搬磚頭拌水泥的工作，終於說服了父母，從他們手中「蹭」到了飛往巴黎的機票。

抵達戴高樂機場時，巴黎的天卻是灰濛濛的，見不到一絲陽光。在到達的第一年裏，他不但沒看到想像中的「天堂」，就連巴黎的太陽都沒見過。他坐在親戚家灰暗的皮包工廠裏，望著眼前的剪刀、繩子、膠水，終於發現了現實的殘酷。他也從此背上了跟所有海外溫州人一樣艱巨的使命包袱——當老闆、發大財。

瘦弱的蔡良勇此前根本沒用過車衣機，更經受不起日夜趕工的折騰。他做的活兒，品質差、速度慢，根本無法讓當老闆的親戚滿意。畢竟親戚按他出國安排他進廠，也是計算了成本的。

一年後，在親戚的埋怨聲中他告別了那家皮包工廠。他先是借了別人的裁縫機，又問其他鄉親借了一點皮，自己設計了一個包，拿到街上去賣。但根本沒有人買，他只好挨個找雜貨店去推銷。一個金邊老闆抵不過他的軟磨硬泡，收下了這個包，付了幾個法郎。

出了店門，蔡良勇直奔一個食品店，買了一包山楂片，在路上一邊吃一邊跳——這是他在巴黎做成的第一筆生意，他似乎看到了夢想實現的微光。

然而，蔡良勇的皮包夢很快落空了，他接下來做的包都無人問津。房租和生活費的壓力開始逼得他在街上亂轉。他先是發現了一家法國人的成衣工廠，就跑去那裡縫衣服，但他天生不是踩機器的料，笨手笨腳地幹了幾天就被老闆趕走了。好在講信譽的法國人，還是給了他50法郎（1週的工資）。

他後來又找到了一個金邊人的工廠，幸運地遇到了同為工友的大玲、小玲兩姐妹，兩個姑娘雖然技藝不錯，卻也跟他同病相憐，就想辦法保護他。一個月過去了，老闆看到蔡的工作狀況不佳，想趕他走，兩姐妹就挺身而出，她們威脅老闆也要辭工。老闆無奈，只好勉強留了他半年。兩姐妹於是開心地拉著他去歌舞廳慶祝，可到了地鐵口，他卻很難為情地站住了——口袋裏的錢連買地鐵票都不夠。

蔡良勇發現：成衣工廠在巴黎有很多家，大家都要吃工作盒飯。於是他就跟老闆們毛遂自薦，說自己是國內來的大廚，可以供應晚飯。每個晚上到別人的成衣工廠送菜，他都精神抖擻地跟別人說自己是開車送來的。然後，出了廠門，趁人不注意，拐個彎跳上公共汽車就回家了。可惜一個星期後，他做的菜味道差又變不出什麼新花樣，很快就被揭穿了真相。只好再次面臨失業的窘迫。

到巴黎二年後，他跟另外一個製衣技術嫻熟的同鄉一起看中了一處店鋪，終於打算要合夥開一家服裝店，各出一半資金。

溫州人當中有個非常流行的「標會」制度，就是大家出錢幫助一個想做生意的人，省去他積攢原始資金的時間，然後這個人再以每月固定的額度還給其中一人，直至還掉全部負債。這種方式在貸款困難的小企業中非常有效，同鄉之間也互相信任。

蔡良勇絞盡腦汁，把所有認識的人都找到了，起了一個會。但他籌到的錢距離投資的需要還差5萬法郎，無奈之下，他把自己租來的一房一廳以每月300法郎的價格租給了別人，條件是對方要出押金5萬法郎。

他出的租價實在非常低，但收押金的主意卻解決了他的燃眉之急。新的店鋪日後也可作為臨時住所。出租合同終於在他的租店鋪合同簽約的前一天落實了，不過按規定，新房客要在搬進去之後才最終付錢。

為了能順利簽到第二天的店鋪，他決定提前一天搬出去，讓房客入住。那是一個難熬的無家可歸的夜晚，他揣著押金，提著行李，在巴黎燈火閃耀的大街上整整走了一晚。

店鋪落實了，但買設備的錢還不夠，他就跟廠家爭取到了分期付款。然而，由於沒有開店經驗，他們還是吃了虧。當時店裏請來的工人都是「黑工」（沒有申報工作合同的雇傭工），由於工人不報稅，完全以現金的形式支付工資，而收入的貨款基本上是法國人明碼標價的支票。一年下來，公司帳面上的利潤非常高，需要上繳高額的稅款。扣除成本費用，基本上沒賺到什麼錢。

那位合夥的同鄉認為這樁生意的利潤還不如自己以前的收入，決定放棄跟蔡良勇的合作。但蔡良勇此前起的會的負債還未還清，如果退出就喪失了還債的機會。於是蔡良勇咬牙退還了對方的資金，一個人把這間店撐了下來。但這種掙扎是沒有意義的，他的經營如雪上加霜，沒多久就把店鋪關門賣掉了。還了剩下的債，就已身無分文。

心灰意冷的蔡良勇與地鐵裏的乞丐惺惺相惜起來，他坐在地鐵的過道裏，抱著膝蓋，呆呆地看著那些悠然自得、彈唱討錢的乞丐。

但他還是很快振作起來，重新租到了一個工廠，仍然加工衣服。這時，他發現自己陷入了管理困境中。他給的工資低，工人做工就很慢，效率上不去。後來，他提高了工資，速度馬上快了起來。但工人們的心眼兒也隨著經驗在積累，有時他計件算好了工人的工作量，但趁他出去接電話的幾分鐘，有的工人又偷偷拿回來幾件，算在新一輪的工作裏。

生意慢慢發展起來，他手頭開始有了十幾萬法郎的資金，想發展更大的工廠做自己的產品。他在華人集中的巴黎3區晃了幾圈，就決定生產男士游泳褲。因為他看到泳褲店的生意很好，特別是縫剪非常簡單，不用請設計師，只要選好花布就行了。

但就在他雄心勃勃地展開自己製造成衣的計畫之時，卻發現他新租的大工廠原來是一家猶太人的工廠，猶太人就是因為雇用黑工加逃稅被警察局查封的，這裏自然成了重點監督對象。他的工廠沒多久就被查抄，工人全部被趕走。他的工廠再次走到了周轉不靈的末路。

這次將鑰匙交給別人，除了身無分文，還背上了不少的債務。但對他來說，這反正不是第一次破產了。

隨後的轉機從蔡良勇走進了一家法國人開的電器店出現。「我可以代銷傳真機。」看著那些實用便捷的電子產品的介紹資料，他就動心了。

那時候他連進一台傳真機的成本都沒有，他決定先拿一些資料去推銷。那是一九八八年光景，華人區幾乎還沒有人認識傳真機。

他的第一台傳真機賣給了做褲帶生意的段先生，他苦口婆心地跟人家解釋：「您這麼大的批發生意，每天要給歐尚、中心百貨寄送樣品，多複雜啊！以後有這個機器就好了，只要把樣本放進傳真機，對方馬上就收到了，不用派人過去了。」

對方疑惑地接受了他先試用幾天的建議。然而不到晚上，他的電話就爆響起來：「蔡先生啊，你怎麼連同鄉都欺騙，我怎麼找不到把皮帶放進傳真機的入口？」

他費盡口舌解釋了半天，對方終於明白傳真機是怎麼回事了。接下來，他每天坐在段先生的門口等著他把貨款付清。他是個不善言談的人，又礙於同鄉情面，怎麼都無法開口要錢。這樣一等就是三天，誰都趕不走。段先生終於明白了，於是把貨款付給了他，而這筆錢正是他需要用來進第二部機器的。從這次開始，一個月賣一兩台傳真機的生意，能讓他勉強吃飽飯了。

他後來租了一間辦公室，請了個工人代為管理，打算在電器代理的行當裏角逐一番。他每天穿梭於華人區的街巷，穿著整齊的西裝領帶，提著皮包，用來掩飾自己的落魄。

但這一次，是他的第一次戀愛讓他破了產。女朋友的姐姐打算回國一次，邀他同行，他莫名其妙地答應了，並取出銀行裏所有的錢，換了一張回國機票。

第一次回到闊別8年的老家，父親以為他終於出人頭地，於是大宴賓朋。這也是常理，因為當年幾乎所有的溫州人離鄉，親友們都是送過紅包的。他當晚只好狼狽地跑到女友姐姐家裏借了一萬元錢，招待熱鬧的鄉親。

無奈的是，在他再次回到巴黎的時候，銀行裏公司帳戶上虧空已成事實，法庭再次無情地宣布：公司破產。女朋友隨即也與他分手。

他一個人晃到3區同鄉開的酒館裏喝悶酒，怎麼都提不起精神。那天晚上，他揮手叫同鄉幫他花光身上最後幾個法郎，買了3張樂透。他竟然中獎了，40萬法郎，從天而降！

他的第一反應是到銀行開個帳戶把錢存進自己的名下，但櫃檯後面的小姐對著他使勁搖頭，不給開。他的破產記錄早已被多次列入黑名單了。

存不了銀行，他突然決定去買一輛夢寐以求的寶馬車。那時他家裏所有的電器就是一台電視機和一對音箱。他交了1萬法郎的預付款，等待著寶馬車到貨。

但他還是想到了自己的債務。一週時間，他還清了之前欠下的所有債務。但買寶馬車的計畫也隨之不得不取消了。

在幾乎身無分文的時候，他和新交的女朋友結婚了。跟女朋友去禮服店訂婚紗那天，試到一半，他藉口接個電話出了店門。等了半天，四顧茫然的太太只好自己付了錢。他當然不能說，他捉襟見肘的境遇還不如在工廠裏做工的女朋友富裕。

蔡良勇帶著她太太全家人去飯店吃婚禮酒席的那天，窮得只剩下一身西裝了。但他張羅著給大家熱熱鬧鬧地擺了幾桌，出門的時候，大大方方地跟認識的老闆打了個招呼就走了。看著他的氣勢，飯店老闆還以為蔡先生是忘了埋單。他當然不知道，「闊氣」的蔡先生回去以後，用了一個月的時間，才湊上了宴席的費用交給他。

所有熟悉蔡的人都認為，太太的出現，是蔡良勇命運的轉機。

有一天，蔡良勇又在街上逛。他經過法國手錶店門口一個巨大的燈箱看板時，記下了那家燈箱公司的電話，他裝作客戶打電話去這家燈箱公司，最終套出了那個暢銷手錶品牌公司的電話。

於是，他在3區重新租了一家便宜的小店，開始做起了手錶生意。平時太太守在店裏，他就背著個皮包，去那些華人經常聚會的地點推銷。他那時的行頭非常講究，穿得西裝筆挺，大皮包嘩地一下拉開，裏面都是五顏六色的手錶。

財運好起來就勢不可擋。那是一九九二年，他每天回到家，和太太兩個人數錢數到手軟，還要把電熨斗拿來，一張張把錢熨平，收拾起來。「太太還有個好處，可以管錢，看店，以前我實在分身乏術啊！」

他在手錶生意成功以後，開始馬不停蹄地琢磨起身邊的新東西，並一連創下了很多個第一。第一個賣影印機、第一個賣商店裏的銀行卡刷卡器、第一個賣打電話超級省錢的中國卡等。他有時還能把這些生意偶爾整合一下，比如自己店裏賣出去的電話卡上，還能在反面打上手錶的新廣告。這些都給他帶來了豐厚的利潤。

蔡良勇發現同時開發三個優質的產品，哪怕其中一個虧了也不怕，這樣才能站穩腳跟。於是，他抓住機會，先後引進了打火機、眼鏡兩個新產品。國內有雄厚的生產力量，這裏有穩定的銷售網路，他乾脆從零售轉到了批發，正式開始做進出口生意。

最得意的一樁生意是他在一九九九年經營的名叫「皮卡丘」的小玩意。他從西班牙引進了印著這個可愛圖像的鑰匙鏈、打火機等小對象，一上市場就賣瘋了。據說旁邊賣白粉的那些猶太人只有3倍的利潤，而他的皮卡丘有10倍的利潤，每天都有大量的進貨商，貨品經常脫銷。半年時間他賺了有上千萬法郎。

蔡良勇後來還投資了一家由法國人管理的里昂小商品店，生意非常好，每年讓他坐享數百萬法郎的純利潤。事業有成還使得他當上了法國華人進出口商會副會長。

此後，蔡良勇開始回國捕捉機會，建工廠、投資商鋪、在海南投資度假酒店。他現在準備做的是在國內打造出一個眼鏡品牌。生意一天天做大，但或許是因為過去的艱苦經歷，他仍然不允許自己有絲毫的疏忽。

10．有志不在年高

一九三九年，尹明善出生於重慶涪陵鄉下的一個小地主家。一九五〇年，12歲的他和50多歲的小腳母親，便被「運動」到荒山頂上一間被棄用的茅草屋，僅憑一塊薄地，幾個鍋碗，生存甚為艱難。

體力不足以種田出糧，只能靠智力養家糊口，尹明善決定「做生意」：從一個好心人手裏借了5角錢，步行到城裏把錢批發成針，再回到鄉下沿村叫賣。每天5角錢的針能賣1元多，每天賺得的錢，買夠米後就存起來作「流動資本」。幾個月後，他就「富裕」得擁有了好幾元。

最初，尹明善在鄉下賣針，獲得資金，再到重慶進貨，有一個相識的年輕人賣雞蛋，是先在鄉下拿錢收購雞蛋，然後運到重慶賣掉。尹明善便主動找年輕人商量：「我們兩人的資金可以合在一起用，我在鄉下賣針賣得的每一分錢都交給你去買雞蛋，你可以多幾元多收購一些雞蛋；到重慶你賣掉雞蛋後把錢交給我，我就可以多購進一些針頭線腦。」從今日看來，這種合作可以算是非常成功的「資本運作」，而當時尹明善不過12歲。

針線生意做了一年多，尹明善賺了十幾元，他把錢都給了母親。隨後，他考上公立中學，並因成績優異而獲得了助學金。於是，尹明善赤手空拳地到重慶求學讀書。

一入課堂，尹明善就成了班裏最出類拔萃的學生。學習成績扶搖直上，入校不久就能倒背整本地理課本；高一第一學期解完了整個高中階段的數學題；高一下半期自修完大學數學專業的課本；高中二年級，解答出當時中國數學界一些頂尖難題。

為了「全面發展」，尹明善還刻意在其他方面下功夫。中學時就能在報上發表文章；自學音樂、作曲，寫了很多為同學稱道的曲子；酷愛體育理論，對排兵佈陣有天然興趣；18歲，成為重慶一中女子籃球教練，率領球隊比賽一舉奪冠。

一九五八年，尹明善讀到了高中三年級，這一年，反右復查，他因被揭發「有右派言論」而被踢出學校，一九六一年上升為「反革命」，發配到塑膠廠監督勞動。

從此，尹明善經歷了20多年「牛鬼蛇神」的日子，朋友反目，戀人斷交，進步年年無望，運動場場有份。「政治上有問題」的人大家都敬而遠之，他也自甘戚戚，天天埋首於書本中。在這一段時期，尹明善實實在在地看了20多年的書，久而久之，甚至養成了為學習而學習的習慣，他完全陶醉在學習的過程中，對於讀書的結果卻不奢望什麼。

一九七九年，命運終於發生了歷史性的轉折，一位官員向已過不惑之年的尹明善宣布平反決定：「尹明善，你還年輕，你可以堂堂正正地做人了！」那一刻，尹明善樂觀地自我暗示：是的，我還年輕！姜子牙81歲出山，我今年41歲，一切都並不算晚。隨著政策的落實，不久，尹明善當了重慶電視大學英語教師。一九八二年，重慶出版社恢復，他前往應聘，又成為一名編輯。

兩年之後，重慶外辦下屬一個涉外公司出現虧損，數10萬元的窟窿想找個能人去填上。市外辦副主任是尹明善的朋友，看尹明善平時交談頭頭是道，認定他是經商之材，便調其出任法人代表。尹明善沒有辜負他，一年多之後，虧損填平，賬上盈利數十萬元。

公司正準備大發展之際，尹明善向他的朋友遞了辭職報告。因為，此時的尹明善已經認定，改革開放的形勢不可逆轉，如果別人不能給你理想中的舞臺，何不自己去創造一個？

一九八五年年底，尹明善離開涉外公司，正式下海，創辦了「重慶職業教育書社」，成為重慶市最早的民營二管道書商。半年之後，他編輯發行的第一套書《中學生一角錢叢書》，總發行量突破千萬冊大關，每本能賺1分錢。書商尹明善一炮而紅，而且紅遍了大江南北。

一九八九年，尹明善已經發展為重慶市最大的民營二管道書商。事業一帆風順之際，尹明善開始反思：這個行業儘管在全國正烽火連天，活躍異常，但也已是一眼見底。就當時的形勢而言，它注定將是一個做不大的行業。反思之後，他決定關門，退出書刊發行行業。

從某種意義上來看，尹明善在一九八九年書刊發行經營尚處在紅火之中，卻能夠斷然退出，而另尋商機再擇新業，則就充分展示了他那非凡獨到的戰略眼光與敢作敢為的大將風度。因為改革開放以來，民營書刊發行業雖然從無到有從小到大，已有了很大的發展，但由於種種體制上的原因，改革的觸角在書刊出版產業領域中，相對於其他產業（商業、服務業、工業等），其進程與力度，卻始終處於緩慢速度與滯後水平狀態。致使計劃經濟的模式與做法，在很大程度上仍在決定著出版產業的主要運行內容；政企不分、政企一體的狀況仍在很大程度上存在，並主宰著出版企業與國有新華書店系統的經營方針。因而，民營書刊企業的發展，則仍然在很大程度上受著一系列限制性政策或公開或隱性的制約，而始終尚未能產生出一個像其他產業那樣公平競爭的巨大的自由成長空間。

這種改革發展的不平衡性特點，也就必然制約民營書刊發行企業迅速攀越事業頂峰的可能，以致在全國範圍內，卻始終沒有能產生出一家可以稱之為「巨頭」的大企業，在書刊發行業中，雖然每年都可產生一批新老闆，每個老闆也都能賺到一些錢，但是，卻始終沒有能出現一個可以在陽光下生存發展的億萬富翁！

尹明善是從中國書刊發行業界中成長湧現出的唯一的民營大企業家，唯一的一位億萬富商——不過，最終幫助他走向大企業家億萬富翁之路的，卻並不是賣書的「教育書刊社」，而是生產銷售摩托車的「力帆」集團。

從書刊發行業撤退出來後，尹明善並沒有一下子就找到新的商機，但是，他卻擁有了重新選擇道路的充分主動權。從事書刊發行業所掘到的第一桶金，既讓他的生計有了保障，也使他擁有了投身於新行業所需的啟動資本。

在退出書刊發行業後，尹明善花了兩年半時間，懷揣自己浪漫的商業夢想，從從容容地南下北上，東西考察，左尋右探，去市場的每一個角落，尋找能令自己生根發芽成長發展的商機。其間，他甚至跑到四川外語學院去強化了半年英語，成為該校年齡最大的學生（52歲），後來也被老師譽為最勤奮、進步最快的學生。

一九九一年，他租來別人的執照做香煙生意。這裏，他看到了：利潤雖豐厚，但做法太「黑」，不僅100%的偷稅漏稅，而且其中充滿了黑社會的「碼頭文化」。一個月後，他逃了出來，或者說又一次主動撤出。尹明善抱定的信念是：凡不能在陽光下公開的生意，是無法成長為真正的事業的！即便它可賺人錢，也不能幹。

有段時間，他幫助朋友在重慶解放碑做日貨生意，自己則義務做參謀好幾個月。那段時間，使他對真正的市場脈象，有了進一步的切身體會。

機會偏愛有準備的頭腦。終於，他發現了家鄉重慶山城獨有的一個重大商機：摩托車！

二十世紀90年代的山城重慶以摩托車聞名，行業老大「嘉陵」和老二「建設」都齊集於此，因而，也帶動了一大批生產銷售摩托車及配件的民營企業，人稱「摩托幫」。不過，在外人看來，當時，這條道上已經有兩隻大老虎攔路，更已有數不清的同行在虎視眈眈，沒有相當的實力，要一頭紮進這個行業，風險也是不小的。因為，兩大摩托車集團隨便有個小動作，雖可使一些人一夜致富，但也能讓另一些人轉瞬垮臺。一位「摩托幫」朋友，經營著一家校辦摩托車廠。有一次聊天時告訴尹明善，他每個月需要幾百台發動機，卻要到河南去買，價格很高而品質很差，而本地的嘉陵、建設是不願意把發動機賣給其他小廠的。

正在到處探尋商機的尹明善，敏銳地從這個資訊中找到了他想要的靈感。在仔細研究了當時摩托車行業的狀況，並盤算了其間的風險與機會的比率後，時年已55歲的尹明善，決定進入摩托車行業，傾注他第一次創業時掘獲的全部資金20萬元，開始了他的第二次再創業的輝煌歷程。

一九九二年，他註冊成立了「轟達車輛配件研究所」，啟動資金20萬元，散兵游勇9個人。在租來的不足40平方米的生產場地上，他卻雄心勃勃地告訴每一個人：我們的理想，是造出全中國沒有的發動機（引擎）。

沒有國企的資源依託，沒有先入者的品牌優勢，年已55歲的創業者尹明善，要在夾縫中殺出條生路，只有劍走偏鋒。但，他的絕活，表面看來，卻又只是一個老得不能再老的招式：戰略創新。

他沒有重複其他小企業為大廠做邊角料的老路，一開始就直指摩托車的「心臟」——發動機的生產。因為他看到，儘管當時的摩托車市場熱浪灼人，但發動機一直是瓶頸，國內只有50 cc和70 cc兩個型號，其餘大多從日本進口，當地摩托車小廠還不得不遠到外地去買價高的國產發動機。尹明善的判斷是：做摩托車儘管市場空間不大，但技術空間很大，創新空間更大，利潤空間無限大。

第一步發展戰略確認後，尹明善便將實施戰略的戰術突破口，選在了當時是摩托巨人的「中國重慶建設集團」的發動機環節鏈上。尹明善發現：可以把建設集團維修部的發動機主要配件買過來，由自己裝配為發動機再賣出去，成本僅一千四百元，而賣價可高達一九九八元。這是一條當時重慶市場上無人走過的捷徑，建設集團對此自然渾然不覺，其他民營摩托車小廠商們則想都不敢想自己能裝配發動機。

於是，尹明善的小企業，開始了悄悄採購摩托零配件的「遊擊戰」：今天去買1號到10號的零件、明天去買11號到20號的零件，總之，使配件要買齊也能買齊，但同時卻不能讓對方感到面臨競爭。然後，便是經組裝好的一台台供不應求的高品質的摩托車發動機，再從尹明善的公司裏賣了出去，大把大把的豐厚利潤則不斷地回報進來，並且一發不可收拾。公司最火的時候，訂貨的外地廠商提前幾個月打來預付款，天天到公司的組裝廠門口排隊取貨，以至於公司每星期都得到機場包機發貨。紅紅火火的業務，很快使55歲才入行的「新秀」尹明善，不僅在這個他從不熟悉的行業中站住了腳，而且，迅速成為了摩托車行業裏的強人。

在過於繁榮的背後，尹明善仍然意識到，這樣的日子長不了，只要一旦形成氣候，建設集團肯定卡脖子。尹明善想：哪些配件以後可能被卡呢？當然是建設集團生產的部分。於是，尹明善從開始組裝發動機的第一天，就積極聯繫配套廠，設計自己需要的零配件。大概四個月後，幾個關鍵零件被開發出來。此後，當建設集團一夜醒悟，下令一個零件也不許賣給尹明善的公司時，搖籃裏的嬰兒卻已能自己走路了。

一九九三年以來，隨著市場競爭的加劇，重慶摩托車業重新洗牌，到二〇〇一年，尹明善的重慶力帆集團公司以產銷發動機184萬台、實現銷售收入385億元、納稅1.136億元的驕人業績，超過嘉陵、建設兩大老牌摩托車企業巨頭，成為重慶摩托車業的龍頭老大。而且，發動機產銷量、出口創匯、專利擁有量、產銷綜合值四項指標居全國第一，綜合實力在全國同行業排名第二，國內知名摩托車企業新大洲、錢江、輕騎、富士達、港日都採用力帆發動機。目前，力帆集團已有員工三千八百多人，其中大專文化以上技術人員670多人，擁有8家生產企業，3家行銷公司，一個市級技術中心，具備年生產200萬台發動機和100萬輛摩托車的生產能力，連續2年進入重慶市工業企業50強，在重慶市民營企業50強排名中名列榜首。力帆集團已進入世界摩托車製造業500強，產銷綜合值名列中國入選登記企業第一位。

攀上中國摩托車行業高峰的夢想成真之後，尹明善雖已是年過花甲，但他仍是壯心不已，激情常在。隨後，兩大目標又先後成為他的囊中戰果：一是將產品打出國門；二是擰著錢箱殺入足球圈。

從全球看，除中國外，每年全球的摩托車市場容量大約是一千萬輛，其中一半以上被日本企業佔領，剩卜的被我國臺灣地區以及義大利等地企業瓜分。一九九八年9月，民營企業自營出口權批下來了，起跑槍聲一響，尹明善就集中了最多的兵力，拼命開拓海外市場，如今，尹明善的力帆集團已在南非、伊朗、越南設立了組裝廠，並還計畫在印尼、阿根廷、尼日尼亞、美國等地設廠，初步實現了生產的全球化。

現在，中國摩托車所到之處，日本人節節敗退。過去並不把中國人放在眼裏的日本摩托車公司，一覺醒來突然發現，自己的傳統領地已經被這位不速之客衝得七零八落，其驚訝可想而知。二〇〇一年9月，力帆摩托車首銷日本，改寫了中日摩托車有來無往的歷史。在越南，尹明善的力帆摩托車更是佔有絕對優勢，越南駐華商務參讚說：在越南，「力帆」的牌子比「本田」響。

二〇〇一年，力帆集團出口創滙（包括間接出口）202億美元，在全國摩托車企業中首家出口創滙突破1億美元，成為全國當之無愧的摩托車出口老大。二〇〇二年，又被外貿部評為中國進出口500強、全國自營出口企業23名。力帆的產品遠銷東南亞、西亞、歐洲、非洲、南美等40多個國家。

而擰著錢箱殺入足球圈，向足球進軍，迂迴打造品牌之路，同樣很是成功也令人振奮：尹明善還沒有接手球隊，一夜之間，全國2億球迷都記住了尹明善這位重慶摩托車老闆，知道了「力帆集團」，這是花幾千萬廣告費買不來的。因為涉足足球，烏拉圭一位華僑認定「力帆」是大企業，非要買他們的摩托車，這也是足球帶給力帆的第一筆生意。

現在的尹明善，身上除了企業「老闆」的重任外，其頭上也更有了一系列光環耀眼的頭銜：重慶市政協常委、全國政協委員，重慶市民營科技企業聯合會理事長，重慶市光彩事業促進會執行副會長。二〇〇二年被選為重慶市工商業聯合會（總商會）會長。

47歲，有的人正在一邊回首著青春一邊懊悔著自己曾經的庸庸碌碌，有的人已經盤算著退休後的美妙生活，而尹明善，冤屈地經歷了20多年的勞改生活後，卻毅然決然地走上了創業之路，並且最終成為成功創業的典範，或許這正佐證了這句勵志名言：有志不在年高！

11．永遠與有實力的人合作

彭鴻斌讀高中時，老師用樸質的語言激勵這個農民的兒子，一定要考到北京去！考上，穿皮鞋；考不上，還穿草鞋。一九八六年，彭鴻斌以四川省文科類高考第二名的身分，跨進中國人民大學。

一九九〇年夏天，彭鴻斌以優異的成績，考進了外交部。在外交部當英語翻譯的日子裏，睿智勤奮的彭鴻斌得了個好人緣，領導和同事們待他極好。在他的人生道路上鋪滿了鮮花，他完全可以按部就班地往上攀升。然而，一九九四年4月，彭鴻斌遞上了辭職報告。外交部的幾千人被震驚了：沒有這個先例嘛——報告自然無下文。

中國本質上是一個「官本位」思想濃厚的國度。幾千年封建統治灌輸的就是「學而優則仕」的思想，儘管到了新社會，「官本位」依然有它肥沃的土壤。從外交部「下海」去當個體戶，在同事和家人看來，彭鴻斌無異是個瘋子！

他的同學鄧元山是計劃經濟系的，現任是廣東聖象公司總經理。彭鴻斌在外交部任職時，他恰好路過北京看望他。那時候，彭鴻斌剛剛結婚，窮極了，住在南池子外交學會的一間小房子裏。為了招待老同學，彭鴻斌買了雞脖、雞雜來自己燒。缺盆少碗，彭鴻斌就去向同事借。一向關係不錯的那位同事不理解他，不肯借，大家弄得很尷尬。

在外交部待了兩年半，彭鴻斌始終不能適應朝八晚五循規蹈矩的那種氛圍，他喜歡開拓冒險，他決意自己做點什麼。

剛開始，彭鴻斌在中關村開了一家公司，跟中關村大部分村民一樣，賣電腦。辦公司要幾萬元註冊資金。當時，彭鴻斌一貧如洗，到哪去籌這麼一大筆錢呢？張達是第一個向他伸出了無私援助之手的人。張達是四川眉山人。二十世紀初，他是第一個在北京開餐廳的外地人，在中科院開了一家很有名的「東坡餐廳」。聽說彭鴻斌要在中關村闖天下，這位同鄉長輩把當天的營業額2萬元全塞到彭鴻斌手裏。

憑彭鴻斌一夥人的嗅覺和鑽勁，馬上拉到了一筆生意：為一個部級機關做了30多台電腦整體配置，賺了萬把元辛苦錢。隨後的日子，一台電腦賺百八十元，居然也忙得樂滋滋。再後來的一年時間裏，電腦生意越來越沒勁。

有一件事情，令彭鴻斌和夥伴伍路鋼、趙斌、王威很不開心：他們替南韓一家電腦顯示器廠商做總代理，好不容易打開了市場，生意有模樣了，人家自己來北京幹了。僅僅做高級搬運工，彭鴻斌覺得不會有出路。

隨後，彭鴻斌先後開了多家公司，以適應生意的需要：曼蘇爾廣告公司、曼蘇爾服裝公司等，還有西直門大風餐廳。

創業的日子很艱難。為了維持公司的運轉費用，彭鴻斌在花園村租了一層地下室，自己用幾間，餘下的轉租給其他小公司。下雨了，地下室裏積滿了水，他卷起褲腿就淘起來。

那段日子很清苦，可是彭鴻斌很快樂。有一次，通縣的客戶要電腦，他蹬上三輪車去送貨，來回七公里多。回程夜深，天空飄起細雨，衣服濕透，彭鴻斌卻騎著三輪車大聲嚎著流行歌曲，腳下蹬得飛快。

為了尋找合適的商機，彭鴻斌轉遍了北京城尋找商機。有一次，他為自己的公司攬到了幾筆家具生意。在新的天地裏，他隱隱約約感到建築裝飾行業裏面大有文章可做。

一九九五年5月，彭鴻斌開始有了一些初步的原始積累，於是關閉了自己的公司，準備自費到歐洲進行商務旅遊。彭鴻斌盤算：尋找新商機。彭鴻斌要到歐洲去旅遊，去看看人類工業文明的發源地，看看那裡的人們是怎樣工作、怎樣生活的。

彭鴻斌有自己一套獨特的見解：知識不等於見識，只有有見識的人才能成功，而見識是由「知識＋閱歷＋領悟」三大要素構成的。現在，他就要行萬里路到歐洲去閱歷一番。

他在辦簽證時遇到了麻煩，沒有外國人的邀請函和擔保書。心懷偉大夢想的彭鴻斌沒有被難倒。他用流利的英語對英國大使館的簽證官說，英國是工業文明的發祥地，還有很多偉大的作家和詩人，莎士比亞、狄更斯、雪萊——我從小就喜歡讀《咆哮山莊》、《雙城記》，現在，我想去看看這個偉大的國家。矜持的英國人笑了，他從沒有聽過這樣友善的簽證理由，於是很紳士地「ＯＫ」放行了。讚美但不諂媚，這也是人類的一種美德。他先去了英國，然後輾轉歐洲大陸。名為旅遊，彭鴻斌卻無意於山水之間。去歐洲旅遊，與其說是花錢買閱歷，不如說是想「圓夢」——他要尋找一個有模有樣的商機。彭鴻斌認為：既然想尋找新的商機，就必須找出個能發展成一個行業、一個產業的新項目，讓你一介入進去就能成為老大。

這天，彭鴻斌來到一家名叫Bauhouse的建材超市，裏面有種叫「強化木地板」的產品令他眼睛一亮。這種地板取材於天然林木，經先進工藝加工製作而成，是當代最新科技的產物。基於強化木地板諸多優於傳統實木地板的特性，彭鴻斌暗下決心，要把強化木地板中的世界名牌儘快介紹給中國市場和消費者。彭鴻斌的這次選擇，決定了強化木地板在我國出現的時間。

彭鴻斌信奉這樣一個商業信條：永遠與有實力的人合作。

彭鴻斌和艾格公司老闆的會晤是戲劇性的。這位家族企業的掌門人早已看中中國的巨大市場，連續三年參加過中國的各種國際展覽會，但是連1平方米強化木地板也沒賣出去。當彭鴻斌用流利的英語講述自己的抱負和行銷方案時，這位老闆被面前的年輕人深深打動了。

有人說：成功地選擇一個項目，等於完成了這個項目的一半。彭鴻斌的這次選擇是基於這樣一種理念，強化木地板是一個大規模生產的產品，它不是勞動密集型產品，而是生產密集型產品，它的一套機器就可以生產幾百萬平方米地板，勞動力成本幾乎可以忽略不計；另外，從強化木地板的原材料考慮，德國的森林資源不像中國那麼缺乏，而國內對森林資源的保護一定會日益加強，所以德國生產的這種產品一定非常有前途。這次考察，彭鴻斌還順便通過瓦爾特博士引進了MARBURG壁紙。

從歐洲回來，彭鴻斌已經從艾格公司拿到了強化木地板的獨家總代理權。他首先想到：

這麼好的產品一定要有一個響亮的中國名字。回國後，他做的第一件事就是跑到國家工商局去註冊商標。

樹立品牌形象，彭鴻斌得益於自己在大學讀書時參與編譯的一本書——《世界八大競爭案例》。書中有這樣一個試驗：有人將撕去商標的可口可樂和百事可樂請消費者品嘗，消費者反映分不出來，同樣好喝；而貼上商標後，大多數認為可口可樂好喝。彭鴻斌由此想到，大凡世界著名商標，牌子比總經理更重要。牌子會長久地「活」在人們心中，而總經理會老，會死，誰在乎他叫什麼名字？

彭鴻斌說：「我有一個夢想，能像耐克一樣擁有一個國際品牌。雖然它沒有自己的工廠，但能向社會提供世界上最好的東西。」

在商海中二年的摸索，使彭鴻斌悟出了這樣一個道理：世界經濟的名牌示範效應，已經使開放的中國從「產品時代」步入「名牌時代」，我們的市場正在名牌的推動下運轉，名牌產品已經成為高業績、高利潤和高市場佔有率的代名詞。名牌產品通常也是市場的領先者和業界領袖。而居於領導地位的名牌產品更代表著一種持續性的競爭優勢和較為廣闊的利潤空間。就像忠實的球迷一樣，消費者似乎已經被名牌催眠，這種「名牌崇拜」心理使得名牌產品的生命週期大大高於普通產品。

他認為，只有塑造自己的品牌，實施名牌戰略，努力成為市場的領先者而不是尾隨者才是唯一的生存之道，否則企業永遠做不大。

給「艾格」起中國名字頗費了彭鴻斌一番心思。這個名字一定要朗朗上口，便於記憶，而動物名最好記。這個名字還要很親切，能向社會傳達產品和企業的特點。強化木地板的最大特點是不怕踩、不怕壓，而大象既性格溫順、形象親切，又威武雄壯、富於力量，很符合上述要素的要求。

用大象起名字，彭鴻斌還有一層考慮：國際品牌一般不敢用動物起名，因為有的民族喜歡，有的民族卻不喜歡；而大象是全人類的朋友，沒有什麼忌諱，很有親和力。另外，用大象做商標和卡通，不僅形象很好，而且便於設計。

註冊商標時遇到了小麻煩。先是起名叫「大象」，被商標局駁回。後來起名叫「聖象」，順利通過註冊。彭鴻斌大喜，一鼓作氣將其連同綠蔭加大象的圖形一併在德國、法國、奧地利等國，以及香港、臺灣地區註冊了商標，使「艾格」這個古老的德國家族名稱成為真正意義上的國際名牌。從此，彭鴻斌一發不可收拾，在建材、家具、服務等門類中相繼註冊了50多個商標。

從某種意義上說，彭鴻斌不僅是中國引進強化木地板的第一人，更開創了中國建材市場樹立品牌形象的先河。聖象後來在短短四年間成長為中國地板市場的第一品牌，僅聖象品牌就值幾億元。

12．沒有天生的富人

一九七九年，17歲的趙孫立高中畢業，第一份工作就是接父親的班，到河南省鄭州市二七區衛生隊做環衛工人。高中畢業的趙孫立，天天戴著眼鏡拿著掃帚掃大街，雖然每月50多元的工資在當時相對而言也是較高的收入，但是，他心中的野馬卻越來越難以控制。

掃馬路掃了三年後，趙孫立自覺必須得把工作變一下了，因為掃大街不是自己真正謀求的人生規劃，他絕對不能讓自己一輩子都掃大街。此外，女友也向趙孫立發出了最後通牒，讓其變更工作。在內憂外困中，一九八二年，趙孫立毅然辭去別人眼中的鐵飯碗，一心一意要下海當個體戶。

趙孫立聽朋友說，浙江義烏的小商品市場特別繁華，品種全，價格低。由於沒有多少資金，趙孫立準備從最零碎的小商品開始上手。於是，趙孫立帶著500元的積蓄和借來的一千五百元，和當時的女友現在的老婆一起，一路打聽也到了義烏。

幾天後，扛著幾大包紐扣、拉鏈、縫紉機線等小商品，趙孫立在鄭州市最早的敦睦路服裝批發市場，擺起了地攤。

一個星期後，趙孫立和女友粗略一算，賺了200多元——比原來幹環衛工人4個月的工資還要多！

第一年，趙孫立將自己經營的品種集中在紐扣、拉鏈等服裝輔料上面，經營場地也從路邊搬進了8平方米左右的小門店內。第二年，趙孫立將門店經營面積擴大到了100多平方米，營業額每年也以翻番的速度增長。

三年以後，趙孫立成了鄭州市最大的服裝輔料批發商。到一九九〇年，他靠賣紐扣、拉鏈這些小得不能再小的商品，掙到了自己的第一個100萬元。

從一九九〇年開始，趙孫立感到服裝輔料生意的競爭越來越大，如果不尋求新的發展領域，自己遲早會被別人擠垮。

一九九二年，趙孫立經過考察，投資100萬元購置了3台電腦繡花機，在市郊農村租下幾間民房，開辦了鄭州市第一家電腦繡花廠，專門給人家的半成品服裝繡花。

由於是獨家生意，電腦繡花廠剛一開業就生意興隆，每天3台機器24小時不停運轉，能給他帶來近三千元的收入。

就在趙孫立享受著事業飛速發展帶來的成功與快樂的時候，老天似乎是有意給趙孫立考驗和磨練。一九九四年，一場大火將趙孫立的貨物倉庫化為灰燼，也將他12年創業的積累幾乎燒了個精光。

頓時，趙孫立感覺像經歷了世界末日一樣，他將自己關在家裏悶了好幾天，然後走出家門，開始籌集資金，重振旗鼓。

一九九五年，鄭州市服裝輔料市場競爭已經達到十分激烈的程度，電腦繡花廠也紛紛出現。於是，趙孫立將店鋪轉讓，謀求新的發展。

趙孫立開始把目光向成衣加工方面聚焦。不久，一個20台機器30多個員工的小服裝加工廠在鄭州市近郊的村莊建立。這就是趙孫立今天的婭麗達公司。公司產品定位到女褲這一方向上。

趙孫立沒有想到的是，當他把某一品牌做好之後，周圍出現了大量價低質差的仿造品。無序的市場競爭使趙孫立遭遇了前所未有的挫折，從一九九五年到一九九八年，趙孫立慘澹經營，工廠甚至幾度瀕臨倒閉的邊緣。

但是趙孫立堅持不放棄自己的努力。經過長時間的調查和思考，他逐漸明白，企業如果想尋求長遠的發展，必須要有真正屬於自己的品牌。

二〇〇〇年7月14日，趙孫立拿到了「婭麗達」女褲商標的註冊證書。隨後，趙孫立迅速建立銷售網路。短時間內，一個依託河南、輻射全國的銷售網路初步形成。二〇〇一年，他的工廠生產的女褲開始供不應求，企業開始走上高速發展的快車道。

目前，「婭麗達」已經成為中國化纖女褲行業的領導品牌。企業現有員工近千人，在全國擁有品牌專賣店五百餘家，銷售專櫃二百多個。企業資產規模達六千多萬元，年產女褲三百六十多萬條，年銷售額逾億元。

現如今，40多歲的趙孫立駕駛著寶馬轎車疾馳在馬路上時，經常會忍不住多看兩眼路邊的環衛工人。他有時候也會問自己：如果當年沒有放棄環衛工作下海創業，24年後的今天，自己正忙碌在這個城市的哪一個角落？

有誰想到，20多年前的打掃工人，會變身為全國知名的「化纖女褲大王」？但創業撰寫了這一神話故事，沒有天生的富人，只要你有夢想和不屈的意志，你便可能成為你想成為的人，而不是你已經成為的人。

〈全書終〉

國家圖書館出版品預行編目資料

這樣做，就是有錢人的做法／趙凡禹 著
-- 初版 -- 新北市：新潮社，2018.10
面； 公分
ISBN 978-986-316-724-2（平裝）
1. 成功法 2. 財富

177.2 107014023

這樣做，就是有錢人的做法

趙凡禹／著

出 版 人 翁天培
企 劃 天蠍座文創製作
出 版 新潮社文化事業有限公司
電話：(02) 8666-5711
傳真：(02) 8666-5833
E-mail：service@xcsbook.com.tw

印前作業 東豪印刷事業有限公司
印刷作業 福霖印刷有限公司

總 經 銷 創智文化有限公司
新北市土城區忠承路 89 號 6F（永寧科技園區）
電話：(02) 2268-3489
傳真：(02) 2269-6560

初 版 2018 年 10 月